Oskar Baumann

Afrikanische Skizzen

weitsuechtig

Oskar Baumann

Afrikanische Skizzen

ISBN/EAN: 9783943850246

Auflage: 1

Erscheinungsjahr: 2013

Erscheinungsort: Bremen, Deutschland

weitsuechtig

Afrikanische Skizzen

von

Oskar Baumann.

Dietrich Reimer (Ernst Vohsen)
Berlin 1900.

Inhalt.

Vorwort.

Einem Gedanken Oskar Baumanns, des Frühverstorbenen, wird in diesem Büchlein nun nach seinem Tode die Erfüllung. Der kühne Reisende und berühmte Entdecker, in Afrika und der Seele seiner schwarzen Kinder mehr zu Hause, als in der Heimat, hat neben der wissenschaftlichen Darstellung seiner Reiseergebnisse und Forschungen eine Reihe von novellistisch anmutenden Skizzen und Sittenbildern geschrieben, in welchen er uns einen tiefen Einblick in das Leben und die Seele des ostafrikanischen Negers und seines arabischen Bedrückers gewährt hat.

„Meine Fachgenossen auf dem Gebiete der Völkerkunde", so schreibt er selbst im Juni 1898, „mögen mir verzeihen, wenn ich statt der üblichen Behandlung die leichtere Form der Erzählung gewählt habe. Sie sollte dazu dienen, die Beobachtungen einem größeren Leserkreise zugänglich zu machen, sie sollte es mir ermöglichen, intimere Züge aus dem, uns so oft fremdartig berührenden Denken und Fühlen der Neger darzustellen.

„Mag auch die Form keine wissenschaftliche sein, so kann ich doch für die Gewissenhaftigkeit der Beobachtungen einstehen. Bis in die kleinsten Einzelheiten wurde nichts aufgenommen, was nicht thatsächlich vorgekommen, oder täglich vorkommt. Die meisten Skizzen sind fast unveränderte Mitteilungen thatsächlicher Ereignisse, sogar die Orts- und Personennamen sind oft beibehalten. Alle geschilderten Verhältnisse entsprechen der Jetztzeit, selbst Vorfälle, wie die in „Salama" berichteten, kommen heute noch in entlegeneren Distrikten von Zanzibar und Pemba vor. Die Neger kennen zu lernen, hatte ich wahrlich Gelegenheit genug. Ich habe mit Negern mein Zelt und meine Hütte geteilt, mit Negern aus einer Schüssel gegessen. Ich bin von Negern mit Keulen über den Kopf geschlagen und von Negern als Gott verehrt worden. Jahrelang ohne europäische Begleitung im Innern Afrikas reisend, war ich auf ihre Gesellschaft angewiesen. Die Swahili-Sprache, wochen- und monatelang die einzige, die ich zu hören bekam, ist mir lieb und traut wie eine zweite Muttersprache geworden. Unter andern Verhältnissen nach Afrika zurückgekehrt, habe ich den intimen Umgang mit Eingeborenen auch später, teils aus Neigung, teils aus Gewohnheit fortgesetzt.

„Wenn daher einer meiner Leser, der meine früheren Veröffentlichungen kennt, findet, daß ich meine Ansichten, besonders betreffs der Sklaverei und der Araber verändert habe, so möge er bedenken, daß ich damals in ähnlicher Lage war, wie die beiden Seeoffiziere, die am Schluß der Erzählung „Salama" erwähnt sind. Ich beurteilte die Dinge nach der Außenseite. Heute, nach dreizehn Jahren afrikanischer Erfahrung, glaube ich die Eingeborenen und auch die „ritterlichen" Araber besser zu kennen."

Auf dieser Grundlage sind die in dem vorliegenden Bande gesammelten prächtigen Sittenbilder entstanden. Sie bereichern unsere Litteratur um einen Stoffkreis, wie ihn ähnlich bisher nur die Litteraturen der Engländer, Niederländer und Franzosen, alter Colonialmächte, besessen haben. In der deutschen Litteratur haben wir hier einen der wenigen ernsten und ernst zu nehmenden Versuche vor uns, das Leben und die Seele des erotischen Menschen mit der reifen Kunst und Psychologie der Gegenwart zu schildern. Wir werden es dem Darsteller auf das Wärmste danken, daß er es, auf der Grundlage der gründlichsten Kenntnis und unbestechlicher Wahrheitsliebe, durchweg mit jenem sieghaften Humor gethan hat, der Oskar Baumann in allen Lebenslagen und den kritischsten Situationen treu blieb. Die afrikanische Sklavenfrage, in der modernen Colonialpolitik akut geworden, spielt fast in alle diese Bilder und Skizzen hinein. Ein Element höherer Geistigkeit spricht hierdurch aus diesem kleinen Buche. Zu dem Lorbeer des Entdeckers gesellt sich schön ein Palmenzweig edler Menschlichkeit.

Der Verlag, der seinerzeit Baumanns bedeutendste Werke „Durch Massailand zur Nilquelle“ und „Usambara und seine Nachbargebiete“ an die Oeffentlichkeit gebracht hat, betrachtet es als Ehrenpflicht, auch diese seine letzte novellistische Arbeit dem Publikum zugänglich zu machen. Der Reingewinn ist dazu bestimmt, zu der Errichtung eines Denkmals für den Verstorbenen beizutragen.

Die mannigfachen Bilder, welche die Darstellung schmücken, rühren von Baumann selbst her; er hat sie noch persönlich sorgsam ausgewählt, um seinen Schilderungen erhöhtes Leben zu geben. Sie werden in der Phantasie des Lesers leicht die Scenerien hervorzaubern, in welchen sich die kleinen Dramen und Menschlichkeiten jener afrikanischen Naturkinder abspielen. Der künstlerische Charakter des Büchleins ist damit doppelt gewahrt.

Um auch denjenigen Lesern, welche Oskar Baumann im Leben fern gestanden haben, seine Persönlichkeit näher zu bringen, lassen wir Hans Meyer das Wort, dem Bezwinger des Kilimandjaro, der als Reisegenosse Baumanns

1888 die Erforschung Usambaras unternahm und mit ihm Gefangenschaft und äußerste Lebensgefahr geteilt hat.

„Oskar Baumann“, schreibt Meyer, „wurde am 25. Juni 1864 in Wien als Sohn eines Oberbeamten der Oesterreichisch-Ungarischen Bank geboren; er war das einzige Kind seiner Eltern, die beide hochbetagt noch in Salzburg leben. Ohne sich an einen bestimmten Studiengang zu binden, hörte er auf der Wiener Universität geographische, geschichtliche und naturwissenschaftliche Vorlesungen, schon damals mit dem sehnlichsten Wunsch, sich einst ganz der geographischen Forschung widmen zu können. Vor allem übte er sich darum auf dem Wiener Militär-geographischen Institut im Aufnehmen und Zeichnen von Karten und bewahrte seinem Lehrer Oberst von Sterneck stets die dankbarste Verehrung. Aus eignem Antriebe unternahm der erst Neunzehnjährige 1883 seine erste Reise nach Montenegro und Albanien und kehrte mit so wertvollen Aufnahmen aus diesem dunkelsten Europa zurück, daß man ihn 1885 der von Oskar Lenz geführten österreichischen Kongo-Expedition beiordnete. So trat der Einundzwanzigjährige am Kongo in den Dienst der Afrikaforschung und schloß den Pakt mit der afrikanischen Sphinx, der von nun an sein Schicksal bestimmte.“

In der That schrieb Baumann schon damals vom Stanley-Pool aus an seine Eltern: „Ihr, unser friedliches Heim, sowie die Alpen sind das einzige, was mir abgeht; ich habe das Gefühl, daß ich mit Euch in einem tropischen Gebirgsland leben könnte, ohne die geringste Sehnsucht nach Civilisation und Europa zu empfinden“. —

„Es liegt nicht in meiner Absicht“, sagt Hans Meyer weiter, „an dieser Stelle von all seinen Reisen und Entdeckungen zu berichten; das sei einer andern Gelegenheit vorbehalten; nur erinnern möchte ich daran, wie der kaum

Dreiundzwanzigjährige nach seiner Kongoreise und Erforschung der Insel Fernando Póo mit einem Schlage eine höchst bemerkenswerte Erscheinung in der geographischen Welt geworden war, wie er 1888 mit mir das ostafrikanische Bergland Usambara, jetzt die Perle unserer Kolonie, zum ersten Male erforschte, dann mit mir in die Gefangenschaft Buschiris fiel und nichts rettete, als seine vorzüglichen Kartenaufnahmen; wie er 1890 in Friedenszeiten Usambara noch einmal eingehend untersuchte, und wie er endlich 1891 vor die Hauptaufgabe seines Lebens gestellt wurde: die Leitung der vom Antisklaverei-Comité ausgerüsteten großen Massai-Expedition. Der noch nicht Dreißigjährige hat das gewaltige Unternehmen, das ihn bis in die sagenhaften Königreiche Ruanda und Urundi führte, mit ruhmvollem Erfolg vollendet und in seinem darüber veröffentlichten Buch „Durch Massailand zur Nilquelle" eins der besten Werke geschaffen, die es in der wissenschaftlichen Afrikalitteratur giebt. Es ist bekannt, wie Baumann schließlich im Auftrage des Vereins für Erdkunde zu Leipzig 1895 an die genaue Erforschung des Zanzibar-Archipels ging und die Aufgabe trotz wiederholter, ihn dem Tode nahe bringender Erkrankungen löste.

„Soviel in aller Kürze über seine Reisen.

„Baumann hatte von Natur eine ungemein kräftige Konstitution. Seiner muskulösen, mittelgroßen Gestalt sah man die überquellende Gesundheit förmlich an. Ueber der feinen Nase spähten unruhig ein Paar dunkle Augen wie auf steter Suche nach dem Unbekannten. Ein urwüchsiger Wiener Dialekt gab seinem oft scharfen Humor einen wohlthuenden Zusatz von Gutmütigkeit und Gemütlichkeit. Körperliche Ausbildung hatte er schon früh im Hochgebirge seiner österreichischen Heimat erworben, aber auch seine Willenskraft und seinen Wagmut in dieser strengen Schule gestählt. Und indem er in seinem afrikanischen Entdeckerleben sein Wollen und Können an immer schwerere Aufgaben setzte, ward er noch in jungen Jahren zu dem felsenfesten Charakter, der alle Widerstände brach. „Bwana Kivunja", der Zerbrecher, hieß er beim ostafrikanischen Neger mit Recht.

„Seines Wertes sich wohl bewußt, hat Baumann doch niemals etwas gethan oder gesagt, was für Ruhmredigkeit hätte gelten können. In seinem Widerwillen gegen jeden Schein von Prahlertum ging er so weit, daß er oft in seinen Vorträgen mit einer geradezu enttäuschend nüchternen Sachlichkeit über seine Thaten und Errungenschaften berichtete. Nichts konnte seinen Zorn so leicht erregen, wie Unthätigkeit, wo es etwas geographisch Bedeutsames zu schaffen oder zu erkämpfen gab; nichts seine Verachtung so sehr wie das eitle Gebahren der falschen Propheten, die besonders die afrikanische Kolonialbewegung großgezogen hat. In seiner Wertschätzung von Menschen galt ihm nur ein Maßstab: die Leistung auf geographischem Gebiete. Was diesen Kreis nicht berührte, interessierte ihn nur wenig, und je länger er in Afrika blieb, desto mehr bildete sich diese Einseitigkeit seiner Interessen aus, die doch wieder seine Größe war. Zudem machte ihn der Mangel an gesellschaftlichem Verkehr in mancher Beziehung unbeholfen, was er selbst mit Unbehagen empfand, und so kam es, daß er schließlich Europa und europäisches Leben überhaupt mied und sich am wohlsten in Afrika oder, wie er zu sagen pflegte, „im Busch" fühlte. Für Litteratur erhielt er sich indessen die warme Empfindung, die er schon als Student besessen hatte. Die deutschen Klassiker waren ihm liebe Gesellschafter, und er äußerte oft, diese Lektüre nie so eindringlich genossen zu haben, als in der vollkommenen Abgeschiedenheit seines Expeditionslebens.

„Wer das Leben gewonnen hat, hat alles gewonnen", sagte einst der Araberschech Buschiri zu Baumann und mir, als er uns aus der Gefangenschaft entließ. Jetzt, ein Jahrzehnt später, hat Oskar Baumann in der Blüte seiner Jahre das Leben gelassen, aber in unserem Andenken lebt er als ein leuchtendes Beispiel mutiger Mannesthat und unermüdlicher Schaffensfreude und als einer der erfolgreichsten Bahnbrecher in der modernen Afrikaforschung, und so wird er fortleben, so lange es eine Geschichte der Entdeckungen giebt."

Das Nachbarhaus.

Krachend dröhnt der Kanonenschuß durch die Morgenluft, den Se. Hoheit der Sultan von Zanzibar täglich um 4 Uhr früh abfeuern läßt, um seine rechtgläubigen Unterthanen zum Gebete zu rufen. Aber man gewöhnt sich an alles: so wie gar mancher Moslim sich beim Ertönen des Schusses auf das andere Ohr legt und die Erledigung der Pflichten gegen Allah und seinen Propheten auf eine bequemere Zeit verschiebt, so haben auch die meisten der in Zanzibar lebenden Europäer es verlernt, sich durch den Morgenschuß im Schlummer stören zu lassen. Daß dies bei mir nicht der Fall sei, dafür sorgt meine Nachbarin, die ehrsame Witwe Fatme binti Msellem bin Amri el Barwani.

Kaum ist der Schuß verhallt, so erscheint die kurze, dicke Gestalt der alten Araberin in geblümtem Morgenkostüm auf ihrem Vordache. Sie ruft mit wahrer Trompetenstimme ihre Sklavinnen: „Eh Wakati! Eh Hasina! Eh Msinambe! Auf! Auf! Wie lange wollt ihr noch schlafen? Alahu a kibaru!" (Gott ist groß!) — „Evala, evala, Bibi!" (Zu Befehl, Herrin!) tönt es verschlafen aus den finsteren fensterlosen Verließen des Untergeschosses, wo die Hausklavinnen ihr Lager aufgeschlagen haben, und bald darauf treten sie, fröstelnd in ihre Tücher gehüllt, in den halbdunkeln Hofraum. Ich kann dies alles genau beobachten, denn einige meiner Fenster führen direkt in diesen Hof, wie es denn eine Eigentümlichkeit Zanzibars ist, daß die Europäer nicht wie in andern Städten des Orients besondere Viertel bewohnen, sondern bunt durcheinander mit Arabern und Indern im selben Stadtteile hausen.

Die Mädchen machen sich in einem räucherigen Raume zu schaffen, dessen Vorderwand eingestürzt ist und der als Küche dient. Unter dessen Fußboden soll ein arabischer Heiliger begraben liegen, der die Nachtruhe der Bewohner manchmal durch Spuken und Hin- und Herlaufen in klappernden Sandalen zu belästigen pflegt. Man kann es dem alten Herrn wahrlich nicht übelnehmen, wenn er sich zeitweise solche nächtliche Scherze erlaubt, denn noch nie ist ein Heiliger derart in seiner Todesruhe gestört worden. Zuerst kommt Wakati, eine lichtbraune Schöne, die in irgend einer Erdhöhle von Turu in Inner-Afrika geboren, und stellt auf die vermutliche Ruhestätte des frommen Moslems ein Gerät, das nach Ansicht der Eingeborenen große Aehnlichkeit mit einer Ziege hat und deshalb Mbuzi (Ziege) genannt wird. Von seinem lebenden Original unterscheidet es sich nur dadurch, daß es aus Holz ist, zwei Beine und nur ein Horn hat. Als dieses Horn kann eine eiserne Raspel aufgefaßt werden, die zum Auskratzen des Inhalts der Kokosnüsse dient und mit dem die junge Dame nun stundenlang das schneeweiße Fruchtfleisch der Nüsse ausschabt, was ein eintönig rasselndes Geräusch hervorbringt. Mit gröberem Geschütz kommt Msinambe, ein tiefschwarzes Manyema-Weib, eine typische Negerin mit hochgewachsenem kraftvollen Körperbau, die einen schweren meterhohen Holzmörser heranschleppt. Sie beginnt mit einem langen Stößel Getreide zu stampfen, das ein halbwüchsiges Mädchen neben ihr durch Schütteln in flachen Körben enthülst. Nach jedem Stoß federt Msinambe förmlich empor, um mit neuer Kraft den schweren Stößel herabsausen zu lassen, eine Beschäftigung, welche die Stelle unseres Dreschens vertritt. Zu dem eintönigen Rasseln der Kokosraspel und dem dumpfen Dröhnen des Mörsers, die wie das Geräusch von einer kleinen Dampfmaschine klingen, singen die Mädchen im Chor die neuesten Lieder des sangesfrohen „Ostafrikanischen Paris".

Gegen sechs Uhr morgens wird gellendes Kindergeschrei laut, die Enkel der Hausfrau, kleine zigeunerhafte Araberkinder mit großen schwarzen Augen, werden von ihren Wärterinnen abgewaschen und erscheinen heulend und splitternackt auf der Bildfläche. Während diese jüngsten Familienglieder von ihren schwarzen Kinderfrauen in den höflichsten Ausdrücken — Ruhig, gnädiger Herr! Ruhig, hohe Frau! Bitte, erfreue deine Sklavin durch Ruhe! — mit geringem Erfolg beschwichtigt werden, ist es an der Zeit, uns einmal die Hausfrau selbst genauer anzusehen. Mit leiblichen Augen ist dies nicht so leicht, denn Fatme binti Msellem nimmt das Gebot des Islam, ihr Antlitz keinem Fremden zu zeigen, das sonst in dem leichtlebigen Zanzibar meist vernachlässigt wird, sehr streng. Sie hat ihre guten Gründe dazu, wie jeder sich überzeugen kann, der sie auf ihrem Vordach ohne Schleier erblickt hat. Fatme ist nämlich über die Blüte ihrer Jugend längst hinaus, sie dürfte schon stark in den Fünfzigern sein. Ihr Gesicht mag in jungen Jahren anziehend gewesen sein, jetzt ist es etwas scharf geschnitten, freilich doch ein ungewöhnliches Gesicht, das von unbeugsamer Willenskraft spricht. Besonders wenn sie die in Zanzibar übliche Halbmaske, die Barkoa trägt, blicken ihre stahlgrünen Adleraugen fast unheimlich starr aus dieser halben Verhüllung hervor. Daneben hat die Witwe Fatme ungemein zierliche Hände und Füße und ein sehr angenehmes Organ, während die kurze dicke Gestalt nichts Anziehendes hat. Ihre wenigen

Reize weiß die treffliche Dame in ganz eigentümlicher Weise zur Geltung zu bringen, wenn europäische Besucher erscheinen, die die reiche Haus- und Grundbesitzerin nicht selten in geschäftlichen Angelegenheiten heimsuchen. Sie empfängt diese Besuche nämlich auf dem Bett, hinter einem dichten Vorhange sitzend, aus dem unten nur die nackten, auf einem Teppich ruhenden Füße hervorsehen, und der schmal genug ist, um bei lebhaftem Gestikulieren die Hände zeigen zu können. Der Besucher sitzt vor diesem verschleierten Bild, er sieht ein Paar wunderschöne, von Goldspangen umschlossene Hände und Füße, eine sanfte, jugendliche Stimme tönt ihm entgegen und versucht in den wohllautenden Tönen der weichen Swahili-Sprache den Fremdling übers Ohr zu hauen. Süßer Sandelholzduft umfängt ihn, und schließlich entfernt er sich, tüchtig betrogen und überzeugt, daß er soeben von einer bezaubernden arabischen Schönheit empfangen worden sei. Und doch ist Fatme schon Großmama, wie ihre Enkelkinder im Hinterhause beweisen, die nun endlich von den Wärterinnen durch Eingießen von Thee und süßem Maisbrei beruhigt worden sind. Die Abfälle dieser Mahlzeit bekommen die schwarzen Spielgenossen der kleinen Araber, auffallend hübsche Sklavenkinder, die ein wenig beneidenswertes Dasein führen. Sie sind Prügelknaben im vollsten Sinne des Wortes, müssen sich von dem vierjährigen „hohen Herrn" und der fünfjährigen „gnädigen Frau" den ganzen Tag über puffen und quälen lassen und werden unbarmherzig bis aufs Blut gepeitscht, wenn sie nur das kleinste kindliche Schimpfwort gebrauchen oder sich sonst irgendwie gegen ihre Tyrannen zu wehren suchen. Außerdem müssen sie für jedes Vergehen ihrer arabischen Spielgenossen büßen.

Da klettert eben der kleine Salim, ein verzogener arabischer Balg, die Treppe hinab. Er hat einen Porzellanteller erschaut und stürzt mit Jubelgeschrei darauf los. Ihm folgt sein schwarzes lebendes Spielzeug, Tossi-tossi, ein verschüchtertes Kind mit großen, glänzenden Augen. „Hoher Herr", flüstert es dem vierjährigen Bengel zu, „genehmige den Teller nicht anzurühren!" Aber es ist zu spät, schon hat Salim den Teller ergriffen und in tausend Scherben zerschlagen. Sofort stürzt die Wärterin, die bisher das Ganze ziemlich gleichmütig beobachtet, wütend auf Tossi-tossi zu und versetzt ihm eine schallende Ohrfeige. „Du Ziege, Sohn einer Hündin, wie kannst du es wagen, dem hohen Herrn Salim Befehle zu geben! Nie hätte er, der liebe, sanfte Engel, daran gedacht, den Teller anzurühren, da mußt du, Kröte, es ihm verbieten. Natürlich mußte er dir nun zeigen, daß du ihm gar nichts zu sagen hast, hob den Teller auf, der dem zarten, schönen Kinde zu schwer war, und zerbrach ihn. Was sage ich — er — du hast den Teller zerbrochen, elender Wurm! Weißt du denn nicht, daß du Staub bist unter den Füßen des hohen Herrn Salim, daß du ein Sklave, der Sohn einer Sklavin bist, er dagegen mtotoa watu, der Sohn von Menschen? Hier, hoher Herr, nimm diesen Stock und ziehe dem schlechten Kinde ein paar tüchtige Hiebe über." Und der „liebe, sanfte Engel" nimmt den Stock und haut auf den unbeweglich stillhaltenden Tossi-tossi ein. Das Benehmen der Aya, der Wärterin, mag empörend erscheinen, und doch dürfte sie es niemals wagen, einen andern Ton anzuschlagen, denn sie ist ja auch eine Sklavin und darf dies nie vergessen, wenn sie den Zorn ihrer Herrin nicht fürchten soll. Sonst kann es leicht geschehen, daß die Stimme, deren Wohlklang hinter dem Vorhang den Besucher entzückt, in einen Strom der unflätigsten Schimpfworte ausbricht, daß die zarte Hand, mit dem Rohrstock bewaffnet, blutige Striemen über den Rücken der verwegenen Sklavin zieht.

Neger und gar Negerkinder haben ein glückliches Temperament, und bald spielt Tossi-tossi mit seinem hohen Herrn wieder ganz vergnügt. Er ist auch eigentlich der weniger Gestrafte, denn die paar Hiebe sind rasch vergessen, aber das Uebel, das durch so unsinnige Erziehung dem Araberkinde zugefügt wird, hält oft lebenslang an. Es macht die Araber zu jenem dünkelhaften, zu jeder ernsten Arbeit unfähigen, verkommenen Volk, als das wir sie heute in Zanzibar sehen. Dieses Gift der Kinder-Erziehung durch Sklaven, das die Macht des alten Rom untergrub, hat auch die Araber von ihrer früheren Größe herabgestürzt und zu einem Schattenbilde ihres einstigen Selbst gemacht.

Wenn die Kinder an den Spielgenossen ein lebendes Spielzeug haben, das ihren Launen zu Gebote steht, so hat die Bibi (Herrin) Fatme ein solches an ihren Favorit-Sklavinnen, die nun allmählich in vorgerückterer Morgenstunde, aus dem Bade kommend, unter dem Vordache erscheinen. Fatme hat nämlich, wie bei einer Araberin selbstverständlich, den größten Teil ihres Lebens im Harem zugebracht. Sie war wohl ein dutzendmal verheiratet, da das Gesetz des Koran und die Landessitte in Zanzibar Ehescheidungen sehr erleichtern und selbst das Vorhandensein von Kindern nicht als Hindernis gilt. Auch war die reiche Dame wohl darauf bedacht, sich arme Gatten zu wählen, die einer Scheidung kein Hindernis in den Weg legen konnten, und wohlhabende, mächtige Freier wurden abgewiesen. Selbst der Sultan Seyid Bargasch, der die vornehme Araberin zu einer seiner Gattinnen erheben und ihr Vermögen „in Verwahrung" nehmen wollte, mußte erfahren, daß auch ein Sultan sich Körbe holen kann. Er war so ungalant, Fatme hierauf für ein paar Monate einsperren zu lassen, ließ sie jedoch schließlich wieder laufen. Trotzdem die verschiedenen Gatten demnach

Arabische Sklavin.

vollständig abhängig von Frau Fatme waren, hielt sie ihnen doch anstandshalber eine Anzahl schöner Sklavinnen als Kebsweiber (Surias), natürlich nur dem Namen nach, denn die armen Teufel mußten sich wohl hüten, Fatme untreu zu werden. Alternde Surias wurden verheiratet und durch junge ersetzt. Der letzte Gatte schied aus, doch die Surias blieben und wurden in Favorit-Sklavinnen der Bibi umgewandelt. Da giebt es dunkelfarbige Gallamädchen mit wahrhaft klassischen Zügen und großen, langbewimperten Augen; zarte, lichtbraune Komorenserinnen; ja sogar weiße Tscherkessinnen, die Fatme auf ihrer Pilgerfahrt in Mekka gekauft. Natürlich verrichten diese Mädchen keine schwere Arbeit: dies könnte die Zartheit ihrer Hände schädigen. Gleich schönen gefangenen Tieren liegen sie träge unter dem Vordache, singen, schäkern oder streiten sich, kämmen sich die Haare und flechten sie in zierliche Zöpfe, nähen wohl auch ein wenig oder arbeiten an Matten. Schmuck und schöne Kleider können sie freilich nicht zur Schau tragen, denn Bibi Fatme ist sehr knauserig, und ihr gegenüber fehlt den Surias jedes Mittel, durch das selbst eine Sklavin den männlichen Gebieter gefügig machen kann. Während die Favoritinnen sich im ersten Stock niederlassen, dringen aus der Küche dichte Rauchwolken empor. Die diensthabende Köchin ist eingetroffen und hat ihr Amt angetreten. Als Köchinnen dienen ältere, verheiratete Sklavinnen, die sich alle acht Tage ablösen und als welche nur die verläßlichsten ausgewählt werden. Denn die Bibi ist sehr ängstlich, sie fürchtet nicht nur Gift, sondern auch Zaubertränke, durch die man dem Willen des Gebers dienstbar wird, und hütet sich daher wohl, die Köchinnen schlecht zu behandeln. Gekocht und geschmort wird von früh bis spät im Nachbarhause, denn zahlreiche hungrige Mägen sind zu füllen. Die Kocherei selbst ist keineswegs unappetitlich, die Köchin, eine reinliche Swahili-Frau, wäscht sich fleißig die Hände, und der schneeweiße Reis, die Gewürzsauce und die arabischen Kuchen, welche aus der Küche getragen werden, sehen recht einladend aus. Die Umgebung freilich läßt zu wünschen übrig. Zeitweise ergießt sich ein Strahl von Spülwasser aus der rauchschwarzen Küche ohne weiteres mitten in den Hof, wo er mit Regenwasser einen schwarzen Tümpel bildet, in dem Wasserratten schwimmen und Tossi-tossi und sein hoher Herr lustig umherplätschern. Die Bibi empfindet solche Uebelstände nicht, denn als Zanzibar-Araberin hält sie zwar auf Reinlichkeit der Kleidung und Wäsche, der Nahrung und vor allem des Körpers, und eine Sklavin, die nicht mehrere Male des Tages badet, würde ihren Zorn erregen, doch ist es ihr gleichgiltig, wenn man die Wände des Hauses mit Betelsaft bespeit und als Schnupftuch benützt, ja sogar Ziegen, Schafe und Hühner duldet sie selbst in den Oberstöcken des Wohnhauses. Aber schließlich hat alles seine Grenzen. Eben hat Msinambe einen Kübel mit Spülicht ohne weiteres klatschend über die Veranda gegossen, daß die schwarze Jauche die erschreckt aufspringenden Favoritinnen bespritzt. Dies ist selbst der Bibi zu arg: „Faule Dirne", ruft sie, „kannst du das Wasser nicht in den Hof gießen? Wahrlich, die Sklavinnen von heute haben keinen Anstand, keine Reinlichkeit. Und woher kommt dies? Von den Europäern, in deren Häusern sie aus- und eingehen, den Ungläubigen, den Kafirs, die Schweinefleisch essen, Beinkleider tragen, die Körperhaare nicht rasieren und von Religion und guter Sitte keine Ahnung haben!"

Grollend und die Ungläubigen verdammend, zieht sich die Bibi zurück. Sie hat auch allen Grund, auf die Europäer schlecht zu sprechen zu sein. Denn die neue Zeit räumt gewaltig mit den alten Vorrechten der Araber auf, und vor

Swahili-Küche.

dem Gesetze gilt der Sklave ebenso viel wie sein Herr. Eben kommt eine der Sklavinnen zu Besuch, die auswärts arbeiten und den größten Teil des schwer verdienten Tagelohnes der Herrin abliefern müssen. Sie wird freudig begrüßt, selbst die Favoritinnen unterbrechen ihre Siesta, vermittelt doch die Sklavin den Verkehr mit der Außenwelt. Sie blickt sich erst um, ob die Herrin außer Sicht ist, und beginnt dann ihre Neuigkeiten auszukramen: „Habt ihr schon gehört? Sanura, die letzthin solche Prügel von der Bibi bekam und dann davonlief, ist zur Behörde gegangen, hat ihre Striemen hergezeigt und einen Freibrief erhalten!"

„Bahati yake!" (Sie ist glücklich!) sagt eine der Favoritinnen.

„Wie? Glücklich? Verloren ist sie!" flüstert die Botin, sich ängstlich nach den Wohnräumen der Herrin umsehend. „Wißt ihr denn nicht, daß die Bibi alle entlaufenen Sklavinnen tötet? Ana roga, ana apiza, ana soma al Badri. Sie behext, verflucht sie, sie spricht die Verwünschungsformel der Badri-Streiter Mohammeds über sie aus. Nein, da will ich doch lieber Sklavin bleiben und meine Prügel ertragen, als elend an Abzehrung und Geschwüren zu Grunde zu gehen, wie Siwajibu, die auch davonlief und der es dann so erging."

„Aber die war doch schon früher krank, und andere, wie Hamyajui und Faitha, sind doch ganz munter und wohl!" wendete jemand ein.

„Ja, äußerlich, aber weißt du denn auch, ob sie nicht innere Krankheiten haben, ob sie nicht, wenn sie sich gerade am wohlsten fühlen, plötzlich zusammenbrechen, wenn es der Herrin gerade genehm ist!"

„Gott weiß, so ist es," flüstern alle, und wenn auch eine oder die andere Bedenken hat, so sind doch die geistigen

Fesseln, der moralische Druck, unter den die Araber ihre Sklaven gebeugt haben, zu stark, um sie ernstlich an eine Befreiung denken zu lassen, die ihnen durch humane europäische Gesetze ermöglicht wäre.

Höher steigt die Sonne, die Umfassungsmauern werfen scharfe Schlagschatten in den Hofraum, in einer Ecke wird Wäsche durch Aufschlagen auf ein Brett von einer hockenden Negerin gewaschen, und Ströme von Seifenwasser und Waschblau ergießen sich in den Tümpel. Bald wehen die bunten Kangatücher an langen Schnüren im Winde, bedruckt mit den abenteuerlichsten Mustern, mit Flaschen, Schwertern, Schmetterlingen, Schildkröten und allerlei unmöglichen Gegenständen und Getier, welche die europäische Industrie für den Negergeschmack erfindet.

In den heißen Tagesstunden wird es ruhiger im Nachbarhause. Die Kinder und Favoritinnen schlummern in den Wohnräumen, nur in der Küche brodelt es fort, denn um Sonnenuntergang findet die Hauptmahlzeit statt. Nach dieser und mit Anbruch der Dunkelheit rüstet die Bibi zum Ausgang. Umgeben von zahlreichen Sklavinnen, die ihr Laternen vor- und nachtragen, eilt sie raschen Schrittes durch die engen Straßen des nächtlichen Zanzibar, um arabische Freundinnen zu besuchen. Bis gegen zehn Uhr abends bleibt sie bei diesen, trinkt Sorbet und Kaffee und jammert über die schlechten Zeiten sowie über die Faulheit der Sklavinnen. Nach Hause zurückgekehrt, ist sie nicht selten schlechter Laune und fühlt ein Unwohlsein, das nur durch ein feines Pulver von Nelken und Zimmt geheilt werden kann. Dann müssen die Sklavinnen oft bis spät nachts stampfen, und ihr eintöniger Gesang und das dumpfe Dröhnen der Stößel, in das die nahe Brandung des Meeres hineinklingt, singen ein echt afrikanisches Schlummerlied.

Doch alles nimmt ein Ende, so auch die Laune der Bibi, und ermüdet zieht sie sich in ihr Schlafgemach zurück. Vorher ruft sie jedoch mit feierlicher Stimme:

„Msaume!“

„Evala Bibi!“ tönt es zurück, und Msaume, der Thürhüter, ein ausgesucht häßlicher Sklave, der einzige männliche Insasse dieses Mädchen-Pensionats, erscheint im Hofraum. „Msaume, funga mlangu!“ (Msaume, schließe das Thor!) „Evala Bibi!“ — und das schwere Teakholzthor fällt krachend zu, und der eiserne Riegel wird vorgeschoben. Nun erst begiebt sich die Bibi, gefolgt von drei Favoritinnen, in ihren Schlafraum, den einzigen im ganzen Hause, der beleuchtet ist, denn — Petroleum ist teuer.

Der Schlafraum ist auf dem Boden mit Matten und Teppichen belegt, die Wände sind von zweifelhafter Reinlichkeit, in den Mauernischen erblickt man staubige Porzellanteller und Schalen. In den Winkeln liegt allerlei Gerümpel und stehen schwere eisenbeschlagene Holzkisten, eine Schmalwand nimmt das hochbeinige Bett mit seinem Mosquitonetz ein. Daranstoßend ist ein Badezimmer, in dem die Bibi von den Surias mit warmem Wasser gewaschen wird; dann läßt sie sich auf der Fußbodenmatte nieder und wird wohl eine halbe Stunde lang mit wohlriechendem Oel eingerieben. Sie besteigt ihr Lager und wird von zwei Surias durch ziemlich kräftiges Kneten und Klopfen massiert, während die Dritte ihr mit weicher Hand sanft die Fußsohlen reibt. Dabei will Frau Fatme von ihren Sklavinnen unterhalten sein und ärgert sich, wenn diesen der Gesprächsstoff ausgeht, was doch bei deren eintönigem Leben kein Wunder ist. Sobald die Kneterinnen merken, daß die Bibi ermüdet, ziehen sie sich zurück und strecken sich aufatmend auf die Fußbodenteppiche. Die dritte, die eigentlich „diensthabende“ Suria, hat es nicht so bequem, sie muß der Herrin so lange die Fußsohlen reiben, bis diese fest eingeschlafen ist. Dann schlüpft sie zu ihr ins Bett — denn Fatme fürchtet sich, allein zu schlafen — und findet endlich auch Ruhe.

Um die Tugend ihres Mädchen-Pensionats ist die Bibi nicht besorgt. Es mag wohl vorkommen, daß eine Haussklavin vor Thorschluß hinausschlüpft, doch ist dies der Herrin gleichgiltig, wenn sie nur morgens wieder rechtzeitig da ist. Die Favoritinnen freilich dürfen beileibe das Haus nicht verlassen. Aber daß diese Herzensregungen haben könnten, die selbst durch den intimen Umgang mit einer so ausgezeichneten arabischen Dame nicht befriedigt werden, scheint der Bibi gänzlich undenkbar. Außerdem ist das Hausthor geschlossen. Freilich giebt es Dächer, und diese sind in Zanzibar flach, so daß es besonders für gewandte junge Leute keineswegs schwer ist, von einem auf das andere zu gelangen. Böse Zungen behaupten sogar, daß Frau Fatme in jungen Jahren Gelegenheit hatte, sich durch eigenste Erfahrung von dieser Möglichkeit zu überzeugen, ja, daß sogar Europäer, Schweinefleisch essende, Hosen tragende Ungläubige, auf diesem Wege zu ihr gelangt und mehr als ihre Hände und Füße zu sehen bekamen. Doch das ist längst vorbei; Fatme murmelt ihr Abendgebet und sinkt in tiefen Schlaf. Und wenn nachts leise, schlürfende Sandalenschritte auf den Gängen laut werden und der weiße Schein eines männlichen Burnus durch die Thürspalte dringt, so läßt sie sich dadurch nicht stören: der Heilige spukt eben wieder.

Der Hut des Admirals.

Tief im Innern Afrikas, in Usukuma, nicht weit von den Gestaden des Victoria-Nyanza, war die Heimat Mambos. Die braunen kegelförmigen Hütten seines Dorfes, um die sich ein dichter lebender Zaun von Stachelgestrüpp zog, lagen am Fuße eines jener Haufen mächtiger, wie von Cyklopen aufgetürmten Granitblöcke, die für das nördliche Unyamwezi so bezeichnend sind. Dieser Felshügel bildete den Tummelplatz Mambos und seiner jugendlichen Gefährten. Seine Risse und Spalten, die im Kriegsfalle zum Verstecken wertvoller Habe dienten, hatten sie aufs gründlichste durchstöbert, mit Affen und Klippschliefern um die Wette kletterten sie über die Felsplatten bis auf den höchsten Gipfel. Da gab es mancherlei zu sehen: die weite wellige Ebene mit ihrem Steppengras und den hochhalmigen Hirsefeldern, dazwischen die dunkeln Hecken der Dörfer und in deren Mitte andere Granithügel, wo schwarze Gestalten, Affen oder Negerjungen, emporkletterten. Dort streckt ein riesiger Affenbrotbaum seine dürren Aeste förmlich verzweifelt zum Himmel; am Horizont sieht man, gleich Schatten in der Luft schwebend, die grauen Umrisse schlanker Fächerpalmen, den Lauf eines entfernten Flusses bezeichnend. Darüber der schwüle, graublaue Tropenhimmel. Aus der Tiefe dringt dumpfes Brüllen der Rinder und weicher, schwermütiger Gesang einer Mädchenschar, die in langer Reihe mit gefüllten Krügen vom Brunnen heimkehrt.

Mambo und seine Genossen verbrachten Stunden auf diesem Felsgipfel. Im Norden, wo die Ebene in blauem Dunst verschwimmt, liegt — das wußten sie — der Nyanza. Gegen Süden schlängelt sich eine ziegelrote schmale Linie durch die Landschaft. Diese verfolgten die Knaben, so weit das Auge reichte. Es ist die Karawanenstraße, auf der alljährlich Tausende nackter Füße der Küste zustreben. Hier geht es nach Tabora und weiter, Wochen, Monate lang bis zum Wunderlande der Küste, bis zum Salzwasser-Nyanza.

Mambo hatte oft genug Gelegenheit, von diesen fernen Ländern zu hören, denn im Dorfe gab es mehrere gereiste Leute, wie denn überhaupt in Unyamwezi ein junger Mann kaum für voll gilt, der die Wanderung nach der Küste nie unternommen. Sogar einen berühmten Reisenden gab es im Dorfe Mambos, der nicht nur am Salzwasser-Nyanza gewesen, sondern diesen sogar übersetzt und nach einer Insel, nach Unguja (Zanzibar), gelangt war. Dort hatte ihm der Sultan, dessen Haus größer als irgend ein Felshügel Unyamwezis ist, die Aufgabe übertragen, die schwarzen Steine zu besorgen, womit die Weißen ihre Feuercanoes heizen, das heißt, er war Kohlenträger im Hafen geworden. Er zeichnete sich dabei derart aus, daß der Häuptling der Europäer, ein Admiral, ihm zum Abschiede einen alten Filzhut schenkte, den er bei wichtigen Anlässen heute noch trug. Wagte dann irgend jemand an der Wahrhaftigkeit dieser Berichte zu zweifeln, so nahm der Reisende feierlich den Hut ab und wies auf das eigenhändige Siegel, das der Admiral auf den Grund desselben eingedrückt.

Mambo.

Diese Wunderländer zu schauen, es dem großen Reisenden gleich zu thun, ja ihn womöglich zu übertreffen, war das höchste Streben Mambos. Er hatte freilich auch Ungünstiges über das Karawanenleben gehört; er wußte von manchem, der fröhlich ausgezogen und in der Fremde Krankheit und Mühsal erlegen war; er vernahm von andern, die an der Küste auf geheimnisvolle Art verschollen waren und von denen man nie mehr etwas hörte. Auch der große Reisende des Dorfes soll, wenn man den Mitteilungen Eingeweihter vertrauen konnte, in Zanzibar keineswegs auf Rosen gebettet worden sein und Gott gedankt haben, als er glücklich von dort weg kam. Aber alles dies konnte Mambo nicht abschrecken: er wollte reisen.

An die Küste zu gehen, fand er allerdings vorerst keine Gelegenheit, doch unternahm er mit ein paar andern halbwüchsigen Jungen einen kleinen Handelszug. Er füllte Hirsemehl in Säcke, das seine Mayo (Mutter) auf natürlicher Felsplatte mit einem glatten Reibstein gemahlen hatte, und zog damit nach dem Victoria-See. Dort tauschte er von den Uferstämmen Fische ein, trocknete sie und schnürte sie zu großen Bündeln, deren je zwei an den Enden von Stangen befestigt waren, die auf den Schultern der Träger ruhten. Mit Pfeil und Bogen bewaffnet, zogen die Jungen dann wohlgemut nach den Ländern im Osten des Nyanza, wo die Waschaschi hausen, ziemlich wilde Leute, die mit ihren Nachbarn meist nicht gut stehen, aber doch ganz gerne Fische essen. Dort wurden die Fischlasten gegen einige fette, kurzbeinige Ziegen eingetauscht, und im Triumph kehrte die kleine Karawane mit ihrer Herde in das Heimatsdorf zurück.

Nun war der Weg zu größeren Unternehmungen geebnet. Es dauerte auch gar nicht lange, so erschien ein Bote der Regierungs-Station Mwanza im Dorfe Mambos und forderte die jungen Leute, die Trägerdienste suchten, auf, sich bei der Station zu melden, da „Bwana Mzuri“, der allbeliebte Stations-Kommandant, Träger für den Abmarsch nach der Küste brauche. Mambo war unter denen, die seinem Rufe folgten. Die gute Mayo füllte ihm ein paar Bastsäcke mit Mehl und Erbsen und gab ihm auch eine Schachtel mit Honig und ein wunderthätiges Amulett, bestehend aus allerlei Tierklauen, das sie bei einem berühmten Zauberer teuer gekauft hatte. Dann ging Mambo auch zu der kleinen Hütte, die dem Geiste seines verstorbenen Vaters errichtet ward, streute etwas Mehl hinein, goß Hirsebier darauf und nahm derart von dem Toten Abschied.

Die Mayo führte nun zwar keine europäische Bahnhofsscene auf, aber die alte Frau, die mit ihrem runzeligen schwarzen Gesicht und den weißen Haaren wie ein Negativbild aussah, war doch recht bedrückt. „Lebe wohl, mein Sohn“, sagte sie, „mögen die Geister deiner Vorfahren dich beschützen, reise glücklich und bringe so viel mit, daß du eine Frau, vielleicht sogar ein Rind kaufen kannst!“ — „Zehn Rinder, zwanzig Frauen werde ich kaufen“, rief Mambo, und die Mutter in dieser beglückenden Hoffnung zurücklassend, lief er mit einem „Angaruka, Mayo!“ (Sei gegrüßt, Mutter!) davon, denn die Karawanen-Trommel erschallte, und mit Jubelgeschrei setzte sich der Zug nach dem Werbeplatz in Bewegung.

Nach wenigen Tagereisen war Mwanza erreicht, und Mambo konnte die reinlichen Gebäude der Station, über denen eine große Flagge wehte, und den schönen Garten mit europäischen Gemüsen anstaunen. Aber er sollte nicht lange Zeit haben, diese Herrlichkeiten zu bewundern. Die Ablösungsmannschaft war eingetroffen, die Lasten lagen bereit, und nach wenigen Tagen setzte sich die Karawane küstenwärts in Bewegung. So war denn Mambo endlich unterwegs nach den ersehnten Zielen! Freilich, eine richtige Wanyamwezi-Reise war es nicht, wo man winzig kleine Märsche macht, Tage und Wochen lang in irgend einem Dorfe unterwegs herumlungert und wo überhaupt die Zeit keinen Wert hat. Darauf ließ sich der europäische Expeditions-Leiter nicht ein. Es mußte täglich marschiert werden, und die schwarzen Soldaten sorgten mit nachdrücklichen Mitteln für Marschdisziplin. Mambo hatte jedoch darunter wenig zu leiden, er trug unermüdlich seine Last, die er nach Wanyamwezi-Art in zwei Hälften verteilt an eine Stange gebunden hatte, und achtete wenig darauf, wenn die Tragstange seine Schulter blutig rieb. Im Lager ging es dann lustig her; während die älteren Träger die glucksende Hanfpfeife kreisen ließen und dazu ein taktmäßiges keuchendes Husten ausstießen, führten die jüngeren Tänze auf oder holten ein primitives Saiteninstrument hervor, zu dessen Begleitung sie mehrstimmige, nicht unmelodische Wanyamwezi-Lieder meist epischen Inhalts sangen. Auch das Talent der Wanyamwezi zur Mimik kam zum Ausdruck, alle irgendwie auffallenden Persönlichkeiten, vom Expeditions-Chef bis zum Koch, wurden in höchst komischer Weise nachgeahmt. Mambo hatte sich dabei den preußischen Feldwebel der Compagnie zum Muster ersehen und konnte bald die schnarrende Schneidigkeit seines deutschen Kommandos täuschend und zur größten Erheiterung aller Europäer der Karawane nachahmen.

Bald nach Eintreten der Dunkelheit ertönte das Signal zur Ruhe, die Karawane verstummte, und nur der eintönige Ruf der Wachen ertönte, bis bei Tagesanbruch Trommelwirbel zum neuen Aufbruch rief.

So ging es wochenlang fort, stets die rote Schlange des Pfades entlang, bald durch Baumsteppen, bald über Gebirge, bald durch fruchtbare Gegenden, wo es Nahrung in Hülle und Fülle gab, bald durch ödes Wüstenland, wo selbst eine Sumpflache kostbares Labsal war.

Endlich nahte der große Tag. Die Soldaten bekamen ihre besten Uniformen; die Flagge voran, unter fröhlichem Trommel- und Hörnerklang marschierte die Compagnie nach jahrelangem Aufenthalte im Innern, dezimiert, aber doch in strammster Haltung in die neue Küstengarnison Bagamoyo ein. Hinter ihr folgte, gebückt unter den schweren Lasten, die üblichen Marschrufe der Wanyamwezi ausstoßend, die Trägerkolonne. Mambo und seine Genossen wurden in den langen Wellblechschuppen untergebracht, die als Lagerplatz für die oft nach Tausenden zählenden Wanyamwezi der Karawane dienen. Sie erhielten ihren Lohn in ziemlich summarischer Weise ausbezahlt und blieben dann sich selbst überlassen.

Unter der Führung eines Kundigen, wie Rekruten in einer neuen Garnison, zogen nun Mambo und seine Genossen truppweise durch die Straßen von Bagamoyo. Im Bazar bestaunten sie die schönen bunten Kalikos und glänzenden Glasperlen, die von schlauen indischen Händlern zum Verkaufe ausgebreitet waren. Sie sahen den Marktplatz mit seinem regen Leben, sie sahen die schön gekleideten Küstenneger, die Swahili mit ihren weißen Talaren, die Weiber mit ihren malerischen Ueberwürfen und farbigen Shawls und kamen sich daneben mit ihrem bescheidenen Lendentüchlein, ihrem nackten, von der Sonne gebeizten Oberkörper, ihrem wüsten Haarfilz und den Hals- und Ohrringen von Messing recht buschmäßig vor. Sie sahen auch das Meer, den Salzwasser-Nyanza, und ein Feuerschiff der Weißen, das mit tönender Dampfpfeife und fliegenden Wimpeln eben den Hafen verließ.

Dann kamen schlechte Zeiten für Mambo, er wurde vom Küstenfieber ergriffen und lag matt und gleichgiltig in der Lagerscheune. Seine Landsleute zogen wieder nach dem Innern, und als er sich erholte, war er von fremden Wanyamwezi-Leuten umgeben. Seine geschwundene Barschaft zwang ihn, Taglöhnerarbeiten zu verrichten, und in seinen Mußestunden irrte er einsam am Strande umher, um Muscheln zu suchen, die in seinem Heimatslande Usukuma hochgeschätzt werden. Dabei traf er nicht selten einen braunen Halbaraber mit ehrwürdig weißem Barte, der gemessenen Schrittes seine Abendpromenade machte. Er erwiderte den Gruß Mambos freundlich und richtete auch ein paar Worte an den jungen Inner-Afrikaner, der auf die vornehme Bekanntschaft ganz stolz war. Eines Tages sah er seinen Freund, den Halbaraber, gebückt unter der Last eines schweren Sackes ankommen, den er, bei Mambo angelangt, erschöpft niederstellte. „Gott ist groß", sagte der Araber, „und dieser Sack ist schwer."

„Was ist denn in dem Sack?"

„Kokosnüsse, die ich auf dem Markte gekauft und mir nach meinem Heimatsdorfe, eine Stunde weit von hier, bringen will. Und du, Freund, was machst du hier am Strande?"

„Ich suche Muscheln."

„Muscheln? Hier wirst du nicht viele Muscheln finden, wo alle Wanyamwezi täglich suchen, da mußt du weiter den Strand abwärts kommen. Ich will dir einen Vorschlag machen: du trägst den Sack nach meinem Dorfe, ich gebe dir dort zu essen und einen Bakschisch, und morgen früh zeige ich dir eine Stelle, wo du die schönsten Muscheln finden kannst." — „Gut, Herr", sagte Mambo, lud den Sack auf und sie wanderten gemeinsam am Strande einem ziemlich entfernten Küstendorfe zu, dessen armselige Hütten sie kurz vor Sonnenuntergang erreichten. In einer räucherigen Stube wurden Mambo Speisen vorgesetzt, die zwar, wie ihm schien, etwas den narkotischen Geschmack des Hanfes (Haschisch) erkennen ließen, die ihm aber sonst sehr gut schmeckten. Bald darauf streckte er sich auf eine Matte und versank in tiefen Schlaf.

Es dauerte geraume Weile, bevor Mambo aus seinem Schlafe erwachte, und auch als dies der Fall war, glaubte er zuerst noch zu träumen, denn die Situation war doch zu überraschend. Er lag auf feuchter Unterlage in einem engen, von Holzwänden begrenzten Raume; über ihn waren Matten gebreitet, und neben ihm lagen noch andere Neger in peinlicher Enge zusammengedrängt. Alles war in schaukelnder Bewegung, und als Wasser außen anklatschte, merkte Mambo bald, daß er in einem Boote war. Aber noch eine andere Entdeckung machte er, nämlich die, daß er an Armen und Beinen gefesselt war, was ihn natürlich nichts Gutes erwarten ließ und ihn veranlaßte, unbeweglich in seiner Lage zu verharren.

Er hörte über sich Stimmen:

„Bismillahi (in Gottes Namen!), Jumah, reffe das Segel, denn es wird hell und wir können es nicht wagen, mit unserer Fracht am Tage in Zanzibar zu landen. Es bleibt nichts anderes übrig, als uns bis abends angesichts der Insel mit Fischen zu unterhalten und dann im Dunkeln zu sehen, wie wir unsere Gesellschaft ans Land bekommen."

„Daran ist auch nur der Alte schuld; hätte er uns mit den Kindern, die er schon längst bereit hatte, bei Sonnenuntergang abfahren lassen, so wären wir vor Tagesgrauen nach Zanzibar gelangt; doch nein, da mußte er noch einen armen Teufel aus Unyamwezi bethören und uns damit

Arabische Dhau.

Stunden lang aufhalten. — Ja, der Geiz der Araber ist unermeßlich."

„Dabei ist es ein großer, erwachsener Bengel, mit dem wenig zu verdienen ist, und der uns noch genug Quälereien geben wird, falls er nicht ein vernünftiger Kerl ist."

Mambo verstand den Sinn dieses Gespräches zwar nicht ganz, so viel schien ihm jedoch zweifellos, daß die Sprecher gegenwärtig nichts direkt Feindliches gegen ihn vor hatten, und er zögerte nicht, seine Existenz durch ein vernehmbares Grunzen erkennen zu geben.

„Halloh, da wird ja unser Freund aus Usukuma munter", hieß es, die Matte wurde weggezogen, die scharfe Seebrise schlug Mambo ins Gesicht, und der kohlschwarze Kopf eines Swahili-Fischers, mit altem speckigen Fez, neigte sich grinsend über ihn.

„Wie geht's, Kamerad, ausgeschlafen?"

„Binde mich los!"

„Haha, losbinden, ja, das kannst du haben; es hatte ohnehin keinen Zweck, dich zu fesseln, wo du im Hanfrausch so bewußtlos warst wie ein Klotz", brummte der Fischer, während er Mambo an Armen und Beinen freimachte. Dieser reckte und streckte die steifgewordenen Glieder und bemerkte, wie neben ihm drei magere Kinder mit dicken Köpfen ängstlich hervorkrochen und sich in der Morgenkühle fröstelnd aneinander drängten. Er wendete sich dann an die beiden Fischer, die ihn lachend beobachteten.

„Ich habe Hunger."

Ein Topf mit Reis und Salzfisch erschien, und die ganze in dem Boote versammelte Gesellschaft begann kräftig zuzulangen, worauf noch ein Gefäß mit Süßwasser die Runde machte. Nachdem alles gesättigt, legten sich die Kinder auf die Matte und Mambo rauchte mit den Fischern eine Zigarette im Hinterteile des schmalen Bootes, das durch Auslieger vor dem Kentern geschützt war. Langsam trieb das Fahrzeug durch die blaue Flut, in geringer Entfernung tauchten die dunkelgrünen üppigen Ufer der Insel Zanzibar auf. Da hielt es Mambo an der Zeit, die Fischer zu fragen, was man denn eigentlich mit ihm vorhabe.

„Es wäre zwecklos, es dir zu verheimlichen. Du bist der Sklave des alten Arabers, in dessen Hause du gestern Abend weiltest, und wir sind beauftragt, dich und diese drei Kinder, ebenfalls Sklaven desselben Mannes, nach Zanzibar zu einem Händler zu bringen, der euch dann nach den Plantagen verkaufen wird."

„Aber ich bin kein Sklave."

„Hm, ja. Wir wissen ja nicht, wo dich der alte Herr gekauft oder sonst bekommen hat; das kümmert uns nichts, wir erhalten unsern Fahrlohn und laufen dabei genug Gefahr. Denn abgesehen davon, daß es kein Spaß ist, in solch einer Nußschale bei dunkler Nacht über den Zanzibar-Kanal zu fahren, so kann es noch vorkommen, daß wir beim Abfahren von der Küste von den deutschen Behörden ergriffen werden. Die haben nun bezüglich der Sklavenausfuhr recht sonderbare Ansichten, und der Galgen ist uns ziemlich sicher. Schließlich können wir auch noch in Zanzibar abgefaßt werden und auf einige Monate ins Gefängnis kommen. Nun, Inshallah, wird alles gut ablaufen."

Die Fischer warfen dann ihre Netze aus und sangen dazu eintönige Lieder, während Mambo auf die strahlende See und auf die dunkeln Vegetationsmauern der Insel starrte, die vor ihm auftauchte. Also das war Zanzibar, Unguja, das gepriesene Eiland, das nur Einer seiner Landsleute, der berühmte Reisende, geschaut, und wo dieser den Hut des Admirals erhalten hatte. Und nun sollte er als elender Sklave dieses Land betreten. Aber die Erzählung des großen Reisenden wurde ja bezweifelt, vielleicht war es auch ihm nicht besser gegangen, vielleicht war auch er als Sklave nach Zanzibar verkauft worden und hatte schließlich doch sein Heimatsdorf wiedergesehen. Dieser Gedanke beruhigte Mambo, der mit dem leichten Sinne der Neger allen Lebenslagen die beste Seite abzugewinnen suchte. Die Fischer waren ihm dabei auch behilflich, sie erzählten von dem schönen, reichen Zanzibar, wo es ein Sklave schließlich besser habe als ein Freier im dürren Usukuma. Mambo fand sich immer mehr in sein Schicksal, das seinen Leidensgenossen, den Kindern, schon höchst erträglich vorkam, die mit lautem Jubelgeschrei die Fische begrüßten, die das Netz aus dunkler Tiefe heraufbeförderte.

Da wurden mit einem Male die Fischer unruhig: am Horizont tauchten die Masten eines Kriegsschiffes auf, das auf Kreuzung war, um den Sklavenhandel zur See zu verhindern. Rasch verschwanden die Kinder unter den Matten, und die Fischer mit Mambo arbeiteten nach wie vor an den Netzen. Bald kam der weiße, geschmeidige Bau des Panzerkreuzers näher heran. Eifrig, wie ihm dies seine Pflicht gebot, musterte der diensthabende Offizier mit scharfem Glase die See nach verdächtigen Fahrzeugen. In weiter Ferne erblickte er mehrere größere arabische Segelschiffe und nahm sich vor, diese anzuhalten und nach Sklaven zu durchsuchen. In Sicht des Ufers lagen zwanzig bis dreißig kleine Fischercanoes. Der Offizier wußte, daß solche Boote keineswegs zuverläßlich seien, daß sie die weite Fahrt nach der Küste wagen und mit Sklavenfracht zurückkehren. Er beobachtete jedes einzelne der Boote scharf: überall dasselbe Bild, zwei, drei Männer mit Netzen bei der Arbeit oder mit entfaltetem Segel dem Uferdorfe zustrebend. Sollte er daran gehen, jedes einzelne dieser Boote zu durchsuchen, wo er leider aus Erfahrung wußte, daß oft ein Stoß genügt, um im Notfall die gefährliche lebendige Kontrebande in die dunkle Salzflut zu versenken? Und wenn, indem er ein Boot durchsuchte, die andern nach dem seichten, für ihn unzugänglichen Uferwasser flüchteten, sollte er dann nachschießen und Sklaven wie Sklavenhändler dem Verderben preisgeben? Er wußte, daß dies zwecklos wäre, und bald setzte das Kriegsschiff unter Volldampf seine Reise in der Richtung nach den arabischen Seglern fort.

Mit Fischen und Schlafen verging der Tag, und bei sinkender Dämmerung hißten die Fischer ihr Dreieckssegel und fuhren mit guter Brise längs des Ufers einer Landungsstelle zu, die sie erst bei Nacht erreichten. Es war eine kleine abgelegene Bai mit steilen Korallenufern und einem hohen Affenbrotbaum, der als Wahrzeichen diente. Mambo und die Kinder mußten sich im tiefen Schatten der Felsen niederlassen, während einer der Fischer sich entfernte.

Bald kehrte er mit einigen Swahili-Leuten und einem alten Halbaraber zurück, der Mambo und seinen Genossen mit Streichhölzern ins Gesicht leuchtete und ihn im Aeußern sehr unerfreulich an seinen ungetreuen Freund in Bagamoyo erinnerte. Nachdem die Fischer derart ihre Sklavenladung abgeliefert, entfernten sie sich rasch in ihrem Boote, um wahrscheinlich bei ihrem nahegelegenen Heimatsdorfe knapp vor der Polizei-Station in aller Unschuld endgiltig zu landen. Ein Fischer kann sich leicht verspäten; die Fische, die sie mitbrachten, waren ja Beweis genug für die Harmlosigkeit ihrer Reise, und im äußersten Falle kam es auf einen tüchtigen Bakschisch an den schwarzen Polizisten nicht an.

Inzwischen wurden die Sklaven nach einer jener Höhlen geführt, die im Korallengebiet von Zanzibar so häufig sind und meist nach steilem Abstieg in eine geräumige Kammer führen. Mit tiefem Grauen waren Mambo und die Kinder bei spärlichem Lampenschein in den Schlund hinabgestiegen, den sie als den Sitz schrecklicher böser Geister betrachteten, die in Gestalt von Fledermäusen herumhuschten. Doch fanden sie es unten nicht einmal so unbehaglich und gewöhnten sich rasch an ihren neuen Aufenthaltsort, in dem ein Swahili bei ihnen zurückblieb, während die andern sich entfernten, um Käufer herbeizurufen. Ihr Wächter war ein junger, munterer Bursche, ein echter Swahili, der seine Nebenmenschen ohne Bedenken verraten und verkauft hätte, es aber andererseits liebte, mit ihnen in sorglos heiterer Weise zu verkehren. Dieser versuchte am nächsten Morgen seine Schützlinge zu zivilisieren. Er wusch die Kinder gründlich und gab ihnen reinliche Tüchlein, schenkte dann noch jedem eine Mangofrucht und machte sie damit überglücklich. Mambo rasierte er mit vielem Geschick, aber doch zu dessen geringem Vergnügen, das wirre Haupthaar mit einem Glasscherben, veranlaßte ihn ebenfalls zu einer gründlichen Waschung und bekleidete ihn mit weißem Zeug und einem roten Fez. Bald stellten sich auch Käufer ein, welche die derart „appretierte" Ware zu sehen wünschten. Die Kinder gingen reißend ab, bald hatte jedes von ihnen einen „freundlichen Onkel" gefunden, von dem es sich unbedenklich fortführen ließ, ohne auch nur einen Blick zurückzuwerfen. Mambo dagegen wurde nur mit mißtrauischem Blick gemustert, und die Anpreisungen seiner Tugenden durch den Dalal (Agenten) blieben erfolglos.

Endlich kam ein reich gekleideter, alter, weißbärtiger Araber, der vollkommen blind war und von seinem schwarzen

Aufseher in die Höhle geführt wurde. Mambo bemerkte, wie der Dalal dem Aufseher bei der Begrüßung einige Rupien in die Hand drückte.

„Diesmal, Scheikh", sagte er dann zu dem Araber gewendet, „habe ich etwas ganz Feines. Einen Ackersklaven, wie du noch keinen besitzest. Er ist jung und hat Riesenkräfte, er versteht alle Kulturen vom Reis bis zur Gewürznelke, er klettert auf Palmen wie ein Affe, außerdem ist er Schuster, Schneider, Schmied, ein gelernter Seemann, sogar Dampfmaschinen . . ."

„Wapi, Wapi" (wo, wo), unterbrach der Alte etwas ungeduldig seinen Redestrom, und Mambo, der über seine Kenntnisse, von welchen er selbst keine Ahnung hatte, ganz starr war, wurde in die Nähe des Arabers geführt, der ihn mit knochiger Hand sorgfältig zu befühlen begann. Bei den Zähnen hielt er sich lange auf, weil er danach das Alter schätzte und wohl auch an der Spitzfeilung den Stamm erkennen konnte. Dies gelang ihm auch: „Usukuma", brummte er, und setzte hinzu, „ein dickköpfiges Pack". Dann untersuchte er weiter und wurde immer gründlicher, bis er plötzlich einen Schrei des Abscheus ausstieß und Mambo wegschob.

„Allah! Allah! der Mann ist ja gar kein Moslem, ist ja — nicht beschnitten!"

„Hm, das, das ist ein Versehen seiner Eltern", stotterte der Dalal, „er ist ein so guter Moslem wie du, Herr; nicht wahr, Mambo: es giebt keinen Gott als Gott und Mohammed — so sprich doch, Dummkopf", raunte er Mambo zu und versetzte ihm einen Rippenstoß, als dieser ihn wie blöde anstarrte.

„Alahu akibaru (Gott ist groß), einen ‚blöden Sklaven', einen mtumwa mjinga will man mir anhängen, einen Wilden, der eben erst aus Inner-Afrika kommt und den jedermann erkennt, einen solchen Menschen soll ich kaufen, wo die Sklaveneinfuhr schon seit mehr als zehn Jahren verboten ist. Wollt ihr mir die Kafirs, die Christen, an den Hals jagen, die der Prophet verdammen möge?"

„Aber Herr", sagte der Aufseher und streckte dabei die hohle Hand dem Dalal entgegen, der seufzend einige Rupien hineindrückte, „die Christen leben ja in der Stadt, und wir sind auf dem Lande, wer sollte da diesen Mann sehen? Und damit, daß er nach der Stadt läuft und uns dort Schwierigkeiten macht, hat es gute Wege. Selbst wenn er die Häuser der Weißen findet, die sich anmaßen, über uns Recht zu sprechen, so haben diese doch viele Thüren, und vor jeder Thür stehen schwarze Thürhüter. Daß diese sich nicht allzu sehr beeilen, solche Besucher einzulassen, dafür haben deine glänzenden Rupien, o Herr, schon gesorgt."

Mambo mußte nun zur Probe hin und her laufen und einen Stock holen, wobei er sich läppisch genug anstellte, dennoch überströmte der Dalal von Lobpreisungen:

„Ah, ein gewandter Sklave, dabei ist er schön wie ein Liebling Mohammeds, er würde einen vorzüglichen Haussklaven abgeben, kocht auch sehr gut Kaffee, noch nie habe ich einen Menschen gesehen, der so vorzüglich . . ."

„Na, was soll denn dein Wundertier kosten?" brummte der alte Araber.

„Ein Sklave, wie der Sultan von Zanzibar keinen besitzt, ein solcher Prachtmensch wäre unter Brüdern 1000 Rupien wert, aber dir, verehrter Scheikh, will ich ihn für 200 geben."

„Wie — 200 Rupien, höre ich recht? Kaufe ich einen Esel, ein Pferd oder einen Sklaven? Den schönsten Maskat-Esel kann man heute schon für 200 Rupien kaufen, oft sogar ein kleines Pferd, und du verlangst diesen Preis für einen rohen, unwissenden Sklaven? 60 Rupien sollst du haben und nicht mehr."

Es wurde noch geraume Zeit gehandelt, bis die Parteien sich auf 100 Rupien einigten und Mambo sich mit seinem neuen Herrn entfernte. Draußen erwarteten diesen einige Sklaven, und während der Araber auf raschem Reitesel voransprengte, folgten die Leute ihm in langsamerem Tempo. Die Landschaft war so herrlich wie sie Mambo früher nie gesehen. Stolze Kokospalmen und zierliche Areka erhoben sich aus üppig grünen Wiesen und Feldern; dunkellaubige Mangobäume ragten auf. Bald gelangte er in die ausgedehnten schattigen Alleen der Plantagen, die von dem spitzen, glänzendblätterigen Gewürznelkenstrauch gebildet werden, der einen süßen, leicht betäubenden Duft ausstrahlt. Seine Gefährten belehrten ihn unterwegs über alles und erzählten ihm auch von dem Herrn, der, wie sie meinten, ganz gut und besser wie mancher andere sei. Dennoch pflegte er Davonläufer furchtbar zu peitschen oder noch härter zu strafen und hatte erst vor kurzem einer Haussklavin Pfeffer in die Augen streuen lassen, weil er in seiner Blindheit Grund zur Eifersucht zu haben glaubte.

Bald waren sie am Ziele: unter riesigen, tiefschattigen Mangobäumen lag das einfache Landhaus des Arabers, dahinter, in Vegetation fast begraben, die ärmlichen Lehmhütten der Sklaven, wo Mambo sein Unterkommen fand. In den nächsten Tagen ließ man ihn in Ruhe, und eine rituelle Zeremonie wurde an ihm vollzogen, durch die er zum Islam übertrat. Dabei erhielt er von einem Aufseher eine Art Religions-Unterricht. Man belehrte ihn darüber, daß die Menschheit in zwei Klassen, Mohammedaner und Heiden (Kafirs), zerfiele. Die Kafirs wieder unterschieden sich

Gewürznelken-Pflanzung.

in solche, die, wie er selbst vor kurzem, gewissermaßen nur aus Dummheit Heiden seien, und in die eigentlichen Kafirs, die Europäer, die durchaus unrein und verabscheuungswürdig seien. Dann mußte er zwei oder drei arabische Phrasen lernen, die Glaubenssätze des Islam, das andere, hieß es, das die Araber zu ihren Gebeten brauchen, sei für ihn gänzlich überflüssig. Auch die wichtigsten Gebote wurden ihm eingeschärft: kein Schweinefleisch zu essen, nur Fleisch von rituell geschlachteten Tieren zu genießen, nichts Eßbares mit der linken Hand anzufassen, die Fasttage einzuhalten. Das Verbot des Weines, meinte sein Lehrer, sei schon weniger wichtig, und die übrigen Verbote wie die, daß man nicht morden, stehlen u. s. w. dürfe, seien ja selbstverständlich.

So war denn Mambo Mohammedaner, und nun hörten die guten Tage auch recht bald auf. Man wies ihm ein kleines Stück Feld an und sagte ihm, daß er von dem Erträgnisse dieses Ackers sich nähren und kleiden müsse. Mit dem Klange der großen Trommel begann täglich bei Tagesanbruch die Arbeit in der Nelkenpflanzung und dauerte, mit kurzer Unterbrechung, fast den ganzen Tag über. Nur Donnerstag und Freitag waren frei und blieben den Sklaven zur Arbeit im eigenen Felde. Doch genügten diese beiden Tage oft nicht, und meist mußten sie, von der Plantagenarbeit heimgekehrt, abends die eigenen Gärten bearbeiten, um nur das tägliche Brot zu gewinnen. Mambo traf manchen Landsmann unter den Sklaven, der gleich ihm geraubt und verkauft worden war. Doch die meisten waren nach mehrjährigem Aufenthalte stumpf geworden und trugen gleichgiltig ihr Joch. Eintönig verflossen die Tage, nur unterbrochen von wüsten Tanzfesten mit Palmwein-Orgien, die von den Besitzern begünstigt wurden, weil sich dabei die Paare fanden, die dem Herrn wieder neues Sklavenmaterial züchteten.

Da unterbrach ein Ereignis das Dasein Mambos. Eines Tages, als er mit anderen Genossen in der Pflanzung arbeitete, sah er die Gestalt eines Europäers in weißem Tropenanzuge durch die Felder reiten. Unwillkürlich erinnerte ihn dessen Aussehen an den preußischen Feldwebel seiner alten Karawane: der Nachahmungstrieb erwachte und Mambo schrie im hellsten Kommandoton: „Das Gewehrrr — über!" Seine Gefährten betrachteten ihn verwundert, aber auch der Europäer hielt an und rief lachend:

„Halloh, wer kann denn da so schön kommandieren?"

„Ich, Herr!" rief Mambo und nahm in strammster Haltung vor dem Fremden Stellung.

„Wo hast du denn das gelernt?"

„In Mwanza, bei der Compagnie der deutschen Schutztruppe."

„Wie kommst du denn hierher?"

„Ich bin an der Küste geraubt und als Sklave hierher verkauft worden."

„Bist du gerne hier?"

„Nein."

„Dann sieh' zu, daß du mit mir nach der Stadt kommst, das Weitere wird sich finden."

Und fort sprengte der Europäer, Mambo warf sein Ackergerät in den Busch und eilte in langen Sprüngen nach, während der Aufseher keinen Einwand wagte, aber der andern Leute wegen brummte, Mambo werde schon bald wiederkommen und seine Peitschenhiebe einernten.

In der Stadt mit ihrem Menschengewühl, mit ihren engen, dunstigen Straßen fühlte Mambo sich ganz verwirrt und verharrte schweigend in einer Ecke des Hauses seines Beschützers. Dieser gab ihm am nächsten Morgen einen Brief mit und schickte ihn zu der Behörde. Der Brief des Europäers that Wunder; alle die Thüren, welche der Araber so sorgfältig mit seinen Rupien verschlossen hatte, öffneten sich ohne weiteres, und Mambo gelangte bis zu dem weißen Beamten. Dort wurde er vernommen und ihm mitgeteilt, daß seiner Freilassung in kurzer Zeit nichts im Wege stünde. Mambo berichtete auch noch von anderen Dutzenden, ja Hunderten von Landsleuten, die gleich ihm widerrechtlich als Sklaven gehalten würden. Doch wurde dies nicht beachtet. Zwingen kann man schließlich niemanden zur Freiheit; die Behörde ist dazu da, daß jedermann, der zu klagen hat, seine Klagen vorbringt; wer nicht erscheint, von dem wird eben angenommen, daß er freiwillig Sklave bleiben wolle. Und jemanden gegen seinen Willen zwingen, aus der Sklaverei in eine unerwünschte Freiheit zu gelangen, hieße doch wahrhaftig die Nelkenpflanzungen mutwillig schädigen.

Mambo mußte einige Zeit auf die Erledigung seiner Angelegenheit warten. Er nächtigte meist im Hause seines Beschützers, da er fürchten mußte, von Leuten des Arabers gewaltsam wieder ergriffen zu werden. Bei Tage ging er nach dem Hafen, wo kräftige Arme stets gebraucht werden, und verdiente seinen Unterhalt mit Kohlentragen. Er mußte bei Regen und glühendem Sonnenschein vielen Kohlenstaub schlucken, doch kein Admiral erschien, der ihm einen Hut geschenkt hätte, obwohl er auf den Kehrichthaufen bei den Europäerhäusern manchmal Hüte sah, die jenem des berühmten Reisenden seines Heimatsdorfes aufs Haar glichen.

Endlich bekam Mambo seinen Freibrief und wurde nach der Küste, nach Bagamoyo geschickt. Er nahm dort durch einige Zeit Arbeit auf einer Plantage, verdiente ein schönes Stück Geld und brach dann mit einer Karawane ins Innere, in die Heimat auf.

Sein Erscheinen im Heimatsdorfe erregte höchstes Erstaunen, man hatte ihn schon längst für tot beklagt und seine alte Mayo hatte sogar neben der Geisterhütte seines Vaters auch seinem Geiste eine Wohnstätte errichtet, die nun schleunigst wieder eingerissen wurde. Als nun gar bekannt wurde, daß Mambo den Salzwasser-Nyanza gekreuzt und das märchenhafte Zanzibar besucht hatte, da wandelte das Staunen sich in höchste Begeisterung. Mambo war der Held des Tages. Bald wählte er sich unter den Töchtern des Landes jene aus, die nun die Ehre haben sollte, ihm sein Mehl zu mahlen und seinen Brei zu kochen, und zahlte für sie manch weißes Stück Baumwollzeug und manches Pfund Messingdraht an die Eltern. Bei seiner Hochzeit fand ein großes Gelage von Hirsebier statt, und es war ein ergreifender Moment, als der große Reisende des Dorfes den altersgrauen Hut des Admirals abnahm und ihn Mambo aufs Haupt drückte, der nun allein würdig sei, ihn zu tragen. Zufällig war auch ein Zögling der benachbarten Mission anwesend, der den Namen in dem Siegel des Admirals am Grunde des Hutes entziffern konnte. Der Mann hieß „Façon de Paris". Alles war tief gerührt, nur die beiden Auguren, Mambo und der große Reisende, grinsten sich über ihre Pombe-Kalebassen verschmitzt an. Es hatte jeder so seine eigenen Gedanken über des andern Abenteuer in Zanzibar, sie sprachen aber nichts davon, denn es gilt für einen freien Mann als schimpflich, Sklave gewesen zu sein. Wenn sie aber später davon hörten, daß junge Leute den Lagerplatz ihrer Karawane an der Küste frisch und munter verlassen hätten und dann spurlos verschwunden seien, flüsterten sie sich nur das eine Wort „Karafu" (Gewürznelken) zu und wußten genau, was aus diesen geworden war.

Mein Freund Saladschum.

Mein Freund Saladschum ist Prinz von Geblüt aus Wangata, Bakuti, und wohlbestallter Stromführer auf Sr. Majestät Leopolds I., Souverän des Kongo-Staates, Dampfbooten für die Strecke Wangata—Stanley-Falls. Saladschum ist also ein Pilot, freilich keiner, wie man ihn auf europäischen Flüssen und Häfen findet. Von den Hunderten von Kanälen, welche den inseldurchsetzten Kongostrom bilden, kennt er nur den geringsten Teil, doch er weiß die Namen der Eingeborenendörfer und spricht die Sprachen des oberen Flusses geläufig; er weiß, wo man billige Hühner und wo man billigen Maniok kaufen kann; weiß, wo die Neger den Weißen gut und wo sie ihnen feindlich gesinnt sind. Fast könnte man ihn einen Dragoman nennen, wenn er im stande wäre, sich mit den Weißen anders als durch ein schauerliches Kauderwälsch zu verständigen, in welchem seine Muttersprache, Kijansi, die Hauptrolle spielt, die er mit Brocken aus den Sprachen des unteren Kongo und Zanzibars, sowie eines unmöglichen Englisch den Weißen mundgerecht zu machen weiß. Die Sterblichkeit unter den Europäern am Kongo und sonstige Zufälligkeiten bringen es mit sich, daß fast stets andere Kapitäne alle sechs Monate die Reise nach den Stanley-Fällen machen, denen die Strecke fremd ist und Saladschum als einziger Ersatz für mangelnde Karten und Steuerhandbücher dienen muß.

Vom Stanley-Pool bis zum Aequator ist ein Stromführer nicht nötig; sobald jedoch die Aequatorstation erreicht ist, tritt Saladschum in seine Rechte ein. Sowie der kleine Dampfer an Wangatas palmengekröntem Ufer Halt gemacht, fällt unter den schreienden, gestikulierenden Eingeborenen seine hohe, wahrhaft athletische Gestalt auf. Der landesübliche Zopf fällt über seine linke Wange zur Schulter, die Rechte hält den widerhakigen Speer, die Linke das kurze, glänzende Schwert; sein lichtbrauner Körper, den nur ein Lendenschurz bekleidet, ist leicht rot bemalt. Saladschums intelligente, anziehende Gesichtszüge haben vom Neger nur die Farbe, und mit selbstbewußtem Lächeln, das die spitzgefeilten Zähne sehen läßt, erwartet er seine weißen Freunde. Weiß er doch zu genau, daß es ihm, der schon den großen Bula Matadi (Stanley) auf seinen Fahrten begleitete, nicht not thut, sich den Weißen aufzudrängen. Das Engagement, sonst meist eine langwierige Angelegenheit mit Negern, ist bei Saladschum ohne weiteres erledigt, und würdig kauert er sich an seinen Platz auf dem Boden neben dem Steuerrade. Ueber den einzuschlagenden Weg waren seine Angaben wohl etwas orakelhaft dunkel, desto brauchbarer war er jedoch, sobald es galt, mit den Eingeborenen auf den schwärmenden Kanoes zu verhandeln und sie durch weithinschallende Friedensversicherungen zutraulich zu machen. Unermüdlich feilschte er in den Dörfern und wußte jeden Streit geschickt beizulegen, sowie das Lob seiner weißen Freunde himmelhoch zu erheben. Dies alles geschieht mit stolzer Würde, welche jedoch niemals den Europäern gegenüber in Unverschämtheit ausartet. Im Gegenteile gehört Achtung vor den Weißen zu den Haupteigenschaften unseres Wangata-Prinzen, und weißes Gesicht gilt ihm ebensoviel oder mehr als ein

Doktordiplom. Daß ein Weißer etwas nicht wissen könne, scheint ihm unmöglich. Einst fragte er den kommerziellen Agenten an Bord um den Zweck eines gewissen Ventils am Dampfer. Als dieser ruhig antwortete, er wisse es nicht, wuchs Saladschums Erstaunen ins Maßlose: „Ngai ko jiba te, ngai mundele te?" „Wie, du weißt es nicht, bist du denn kein Weißer?" fragte er verblüfft und starrte das Gesicht des biederen Holländers höchst ungläubig an.

Mein Beruf als Kartograph brachte es mit sich, daß ich täglich neben dem ortskundigen Führer meinen Sitz aufschlug. Bald wurden wir die besten Freunde und konnten, wenn auch mühsam, uns verständigen. Saladschum fragte mich nach meiner Heimat, und ich machte ihm begreiflich, daß dieselbe irgendwo zwischen Zanzibar und Belgien gelegen sei, von welchen Ländern er gehört hatte. Hierauf entwickelte er mir seine Ansichten über die Europäer. Die Weißen, meinte er, teilen sich ein in Söhne Bula Matadis (Agenten des Kongostaates), Nganga Nglezos (englische Baptisten-Missionäre), Nganga M'bukas (amerikanische Baptisten-Missionäre) und Nganga Nsabis (katholische Missionäre). Letztere hielt er sonderbarerweise nicht mehr für richtige Weiße, da sie lange Talare tragen und ihm mehr mit den Arabern von Stanley-Falls gemein zu haben schienen. Bei unserer Reise hoffte er stets, sich aus den arabischen Depôts einen Sklaven kaufen und nach seiner Heimat mitnehmen zu können. Der Sklave könne, meinte er, alt, schwächlich, blödsinnig, blind und ganz unbrauchbar sein. Auf meine Frage, wozu er denn solch einen Menschen zu besitzen wünsche, teilte er mir mit, daß sein Vater schon ein hochbetagter Greis sei und jeden Tag sterben könne. Bei seinen Landsleuten, den Bakuti, herrscht nun der Gebrauch, beim Tode eines Fürsten, wie Saladschums Vater, mindestens vier Sklaven als Opfer zu köpfen. Einer der zum

Tode Bestimmten war Saladschums Jugendgespiele, und er wünschte lebhaft, denselben durch einen andern ersetzen zu können. Auf meine Frage, ob es denn nicht anginge, nur drei Mann zu köpfen, erklärte er entrüstet, daß davon gar keine Rede sein könne. Er fand es sogar höchst grausam von mir, daß ich seinem guten Vater zumuten wolle, sich im Jenseits mit nur drei Sklaven zu behelfen. Großen Abscheu zeigte er jedoch vor dem Kannibalismus, dem einige Stämme oberhalb Bangala huldigen. „Kuzinga malamu kudza bantu te.“ Man köpft Menschen, aber man frißt sie nicht, meinte er.

An den Stanley-Fällen sollte ihm eine harte Enttäuschung zuteil werden. Der Kapitän war nämlich der ziemlich begreiflichen Meinung, daß Dampfer des Kongostaates keine Sklavenschiffe seien, und der projektierte Ankauf des vierten Schlachtopfers war vereitelt. Saladschum machte daher ein ziemlich trübes Gesicht, als wir schieden und er stromab seiner Heimat zufuhr.

Als ich mehrere Monate später nach Wangata kam, begab ich mich ins Dorf, um meinen Bakutifreund zu besuchen. Ich fand ihn vor seiner Hütte bei der Toilette. Eine seiner Frauen war beschäftigt, sein langes Wollhaar zu kämmen und in den straffen Zopf zu flechten, eine zweite rieb seine Beine mit roter Farbe ein, und eine dritte bemühte sich, ihm mit einer kleinen Zange nach Landessitte die Augenwimpern auszureißen. Obwohl anscheinend erfreut, mich wiederzusehen, bat Saladschum mich doch, etwas zu warten, denn unmöglich könne er, allen Gesetzen des Anstandes zuwider, einem Weißen ohne Zopf, unbemalt und mit ungerupften Augenwimpern entgegentreten. Als wir später mit noch einigen Bakutimännern unter der Veranda der Hütte saßen und die Kalbasse mit Zuckerrohrwein kreiste, erlaubte

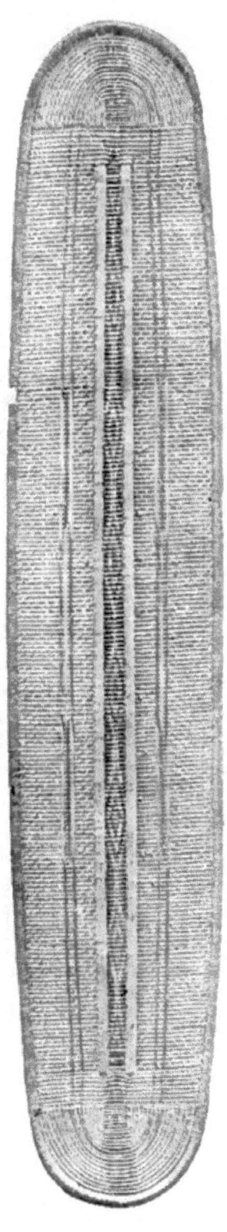

Geschenk des Saladschum an den Verfasser,

im Besitz der Familie Baumann.

ich mir, die heikle Frage betreffs der Begräbnisfeierlichkeiten seines Vaters zu berühren. Da führte Saladschum mich in einen engen Verschlag, in welchem ein junger Bursche saß, dessen dicht verfilztes Haar fest mit dem niedrigen Dache verflochten war. Das war der Ersatzmann, der statt des Jugendgespielen geköpft werden sollte. Um denselben beizuschaffen, hatte Saladschum einen kleinen Raubzug ins Lulangaland unternommen, der von gutem Erfolge begünstigt war. Der junge Sklave hatte sich offenbar schon in sein Schicksal gefunden, rauchte seine Pfeife und unterhielt sich gemütlich mit dem greisen Vater, den er ins Jenseits begleiten sollte.

Beim Abschied überreichte mir Saladschum einen schön geflochtenen Schild als Geschenk. Als am nächsten Morgen unser kleiner Dampfer die Reise fortsetzte, fuhr mein Bakutifreund, sein leichtes Kanoe durch mächtige Ruderschläge antreibend, kurze Zeit neben uns her. Noch lange jedoch tönte sein heller Ruf uns nach und sahen wir seine dunkle, kraftvolle Gestalt von der glänzenden Kongofläche sich abheben.

Salama.

Strahlend, mit jener feurigen Kraft wie sie nur die Tropen kennen, stieg der glühende Sonnenball am Horizont auf und übergoß mit einem Meer von Licht die braunen Palmblatthütten von Tanga, die auf hoher Uferrampe zwischen Mangos und Kokospalmen verstreut lagen. Nur wenige Steinhäuser gab es, und die Bewohner ahnten noch nicht, daß sie in nicht allzu ferner Zeit mit einem deutschen Bezirksamt, mit Grundbuch und „Fernsprechstelle" beglückt werden sollten. Damals regierte ein arabischer Verweser des Sultans von Zanzibar in dem abgelegenen ostafrikanischen Küstennest nach alter Sitte lustig darauf los.

Höher stieg die Sonne, ihre Strahlen durchbrachen das dünne Dach der Palmenhaine und ihre Glut erreichte das darunter im losen Schatten der Wedel gelegene Ackerland. Dies mochte auch eine Schar von Sklavinnen empfinden, die etwa eine Stunde vor der Stadt mit kurzstieligen Hacken den Boden bearbeiteten. Noch erscholl ihr schwermütig eintöniger Gesang, doch schon trat zeitweise eine aus der Reihe, um unter dem dichteren Laub eines Mangobaumes kurze Erholung zu suchen und die steifen Glieder zu strecken.

Plötzlich verstummte der Gesang, mit doppeltem Eifer hackten die Weiber den Boden auf, und die Säumigen kehrten rasch zur Arbeit zurück. Auf weißem Maskat-Esel reitend, war die Gestalt eines Arabers sichtbar geworden. Es war Abedi bin Salim el Shikeli, der Besitzer der Pflanzung, ein schon greiser Araber mit scharfen Gesichtszügen und weißem Bart, der ihm lang herabwallte. Die Hand am Gürteldolch, betrachtete er geraume Zeit mit unbeweglicher Ruhe die Arbeitenden. Da erhob sich eine, der die gebückte Haltung zu mühsam ward, für einen Augenblick, schob das brennende Kopftuch zurück und wischte den Schweiß von der Stirn. Gleichgiltig, und ohne eine Miene zu verziehen, flog der Blick des Arabers über ihre Gestalt. Dann wandte er sich zum Gehen. Neben ihm her lief Nokora, der Aufseher der Sklaven.

„Wer ist das Mädchen mit dem roten Kopftuch?"

„Wie, Herr, kennst du deine Sklavin Salama nicht mehr? Und du solltest sie doch", fügte der Nokora mit breitem Grinsen hinzu, „sehr genau kennen, warst du es doch, der vor Jahren ihre Jungfräulichkeit genossen. Besinnst du dich nicht mehr der kleinen Yaho-Sklavin, die du in Kilwa billig kauftest und die dann Umstände machen, dir dein Herrenrecht verkümmern wollte, so daß wir sie mit Hanf betäubt . . . ."

„Ich weiß, was geschah dann mit ihr?"

„Sie kam auf deine Pflanzung bei Mtangata, wo der Nokora Ali sie als Haussklavin verwandte. Nach dem Tode Alis wurde sie hier unter die Feldarbeiterinnen eingestellt."

„Es ist gut, sie soll heute mittags nach dem Landhause kommen."

Der Araber setzte seinen Esel in Trab, während der Nokora das Nötige veranlaßte. Salama war sehr erstaunt, als sie auf Befehl des Herrn nach dem Landhause abberufen wurde.

Besonders zugethan war sie ihrem Herrn nicht, und vor seinem kalten, tiefschwarzen Auge empfand sie förmliches Grauen. Schon mehrmals hatte deren Blick auf ihr geruht. Zuerst, als sie, ihrer Heimat beraubt, erschöpft vom langen Karawanenmarsch, in Kilwa feilgeboten wurde, ein elendes, halb verhungertes Sklavenkind. Dann wieder an dem Tage, wo sie unter brennenden Schmerzen aus tiefer Betäubung erwachend, den Schänder ihrer kindlichen Jugend vor sich sah. Dann hatte sie den Herrn lange nicht mehr gesehen, da der gutmütige Nokora Ali in Mtangata sie wohlweislich bei Seite schaffte, wenn er kam, um die dortige Pflanzung zu besichtigen. Und nie hatte sein Blick wieder auf ihr geruht, nun berief er sie nach dem Landhause. Was mochte er von ihr wollen? Sollte sie für die flüchtige Unterbrechung der Arbeit bestraft werden? Oder begehrte er sie etwa wieder? Der letzte Gedanke machte ihr bange. Denn sie war verheiratet mit einem jungen Sklaven, der, gleichen Stammes mit ihr, so recht zu ihr paßte. Wie, wenn der Araber sie zur Suria (Kebsweib) machen wollte? Dann hieß es ohne Erbarmen von Faisi, ihrem Manne, scheiden.

Doch bald beruhigte sie sich. Wie hatte der Herr sie gleichgiltig angesehen! Nein, so sah ein Liebhaber, selbst ein arabischer, nicht drein! Und völlig unbesorgt ging sie dem Landhause zu, überzeugt, daß man sie dort zu einer Arbeit benötige, die ihr, der geübten Haussklavin, sicher geläufig war.

Unter dem niedrigen Vordache des Landhauses traf sie die Frau des Nokora und die hier wohnende Suria des Arabers, der, wie bei seinen Landsleuten üblich, auf seinen verstreuten Gütern, ja selbst an entfernten Orten, die er auf Geschäftsreisen besuchte, je ein Kebsweib unterbrachte, um überall sein behagliches Heim vorzufinden. Die Suria musterte

Salama mit wenig freundlichen Blicken. In den Baderaum geführt, wurde sie von der Frau des Nokora einer gründlichen Reinigung unterzogen, ihr Haar geordnet und Zitronenblüten hineingeflochten. Dann erhielt sie reine, buntbedruckte Baumwolltücher als Kleidung, selbst Glasperlen wurden ihr um Arm und Hals geschlungen.

Salama war es bei dieser Toilette nicht übermäßig wohl zu Mute. Das sah ja doch so aus, als ob der Herr ihrer begehre. Eine Frage an die Nokorafrau belehrte sie, daß darüber kaum ein Zweifel sei.

Aber mit dem unverwüstlichen Optimismus, der ein Grundzug des Negercharakters ist, legte sie sich die Sache wieder günstig aus. Mußte er sie denn gleich zur Suria machen wollen? Es war wohl nur eine flüchtige Laune. Zu der wollte sie dem Herrn gerne zu Diensten stehen, und ihr Mann Faisi — na, der mußte sich eben auch darein finden. Sie waren ja Sklaven.

Leichteren Herzens ließ sie sich unter dem Vordache neben der Suria nieder, die sich ebenfalls aufs beste geschmückt hatte. Der Herr ließ nicht lange auf sich warten. Vom Esel steigend, streifte kaum sein flüchtiger Blick die beiden geputzten Weiber, dann zog er sich in den Baderaum zurück, um sich nach dem Ritt zu erquicken. Bloß mit einem Lendentuch bekleidet, erschien er wieder und ließ sich auf einer Matte nieder. Der bloße Oberkörper mit der dicht behaarten Brust, der unbedeckte, kahl rasierte Schädel, verliehen ihm ein eigenartig befremdendes Aussehen.

Bedeckt mit spitzem, trichterförmigem Mattendeckel, wurde das Essen vor ihn niedergestellt: Schneeweißer Reis, der soeben durch Stampfen enthülst, mit geraspelter Kokosnuß gekocht worden war, und gewürzreiche Curry-Sauce mit Fleischstücken, mit eingekochten unreifen Mangofrüchten und frischem

Gemüse. Bedächtig verzehrte der Araber — natürlich mit der Hand zulangend — sein Mahl. Als er vollendet und sich die Hände gereinigt hatte, überließ er die Schüsseln dem Nokora und den andern männlichen Sklaven. Erst als diese gesättigt waren, kamen die Weiber daran, die abseits, in einem Innenraume der Hütte, die immer noch reichlichen Ueberreste verzehrten. Behaglich auf die Matte hingestreckt, harrte der Araber ruhig ihrer Wiederkehr. Die zum „Kef“ der nördlichen Orientalen gehörige Wasserpfeife oder Zigarette kannte er freilich nicht, denn die Vorschriften der ibaditischen Sekte, der er als Maskat-Araber angehörte, verbieten den Gebrauch von Tabak. Doch schlürfte er schwarzen Kaffee aus einem Schälchen, das ein Sklavenjunge immer wieder neu füllte, das dunkle Gebräu in langem Strahle aus einer Zinnkanne eingießend.

Sobald die Weiber wieder auf der Veranda erschienen, zog Bwana Abedi (Herr Abedi) sich in den Wohnraum zurück. Das Gesicht der Suria, die neben Salama auf der Matte saß, drückte gespannte Erwartung aus. Sie kannte ihren Herrn genau: wer würde gerufen werden?

„Salama!“

„Ewala, Bwana“ (zu Befehl, Herr), und die Gerufene eilte in den Wohnraum, wo sie den Araber auf dem mattenbedeckten Negerbett, der Kitanda, lang hingestreckt fand.

„Ni kande!“ (Knete mich!)

„Ewala!“ und Salama machte sich daran, an ihrem Herrn die übliche orientalische Massage auszuführen. —

Bwana Abedi verlängerte diesmal seine Siesta ungewöhnlich. Finsteren Blickes musterte die bei Seite gesetzte Suria die stets verschlossene Thür. Endlich erschien der Araber vollkommen bekleidet in deren Rahmen. Die Sonne neigte schon zum Untergang, es war Zeit, das Abendgebet zu verrichten. Bwana Abedi breitete die an der Wand des Vordaches bereit hängende oblonge Gebet-Matte vor sich aus und begann, das Antlitz gegen Norden, gegen Mekka gerichtet, die Gebete in vorgeschriebener Form zu sprechen. Pathetisch klang sein „Alahu akibaru!“ zum Himmel, inbrünstig berührte er den Boden mit der Stirn, auf der ein dunkles Mal zeigte, daß er diese Uebung schon seit Jahren mit frommem Eifer ausführte.

Sobald das „Amin“ verklungen, umgürtete er sich mit dem Dolche, bestieg den Esel und ritt ab. Ihm folgte der Nokora.

In einiger Entfernung vom Landhause hielt der Araber den Esel an.

„Nokora, ich habe beschlossen, das Weib Salama zu meiner Suria zu machen. Uebergieb sie sofort Deiner Frau und sorge dafür, daß kein Mann mit ihr in Berührung kommt.“

„Ewala Bwana!“

„Ist sie verheiratet?“

„Sie ist die Frau deines Sklaven Faisi.“

„Gut, dann übermittele dem Faisi meinen Befehl, Salama sofort zu verstoßen. Dann erst kann sie in meinem Harem Aufnahme finden. Möge Gott mich bewahren, das Eheweib eines andern Mannes, und sei es eines Sklaven, zu begehren!“

Und Bwana Abedi trieb den Esel an, es dem Aufseher überlassend, sich über diese ausgezeichneten Prinzipien seine Gedanken zu machen.

Die Angelegenheit wurde überraschend schnell geordnet. Als Faisi sich abends einfand, um nach dem Verbleib seiner Frau zu sehen, wurde ihm eröffnet, daß er sie auf Befehl des Herrn augenblicklich verstoßen müsse. Er wußte wohl,

Swahilifrau.

daß jeder Widerstand vergeblich sei: die Peitsche würde ihn bald eines Besseren belehrt haben.

So sprach er denn mit stumpfer Gleichgiltigkeit dreimal die Scheidungsformel über Salama, die heulend in einem Winkel kauerte.

Am nächsten Morgen wurde sie in den Harem des Arabers gebracht. Dessen Wohnhaus in der Stadt war auch nur eine größere Hütte aus Lehmfachwerk mit Palmblattdach. Unter dem breiten Vordach, auf erhöhter Rampe mit festgestampftem Lehmboden, saß der Sohn und Erbe des Arabers, Fereshi Bin Abedi, ein etwa vierzehnjähriger Halbblutjunge, der die Ankommende mit gierigem Blick verschlang. Durch die schön geschnitzte Thür, vor der zwei handfeste Manyema-Sklaven als Haremswächter saßen, gelangte Salama in das Innere des Hauses, das aus einer Anzahl halb oder ganz dunkler, meist fensterloser Räume bestand. An die jenseitige Hauswand schloß sich ein eingezäunter Hof, in dem die kleinen Hütten der Kebsweiber lagen, denn nur die legitime Frau, eine Halbaraberin, wohnte im Haupthause. Im Hofraum traf Salama diese, eine üppige, lichtfarbige Schönheit, umgeben von den Surias und Haussklavinnen. Sie näherte sich ihr mit dem demütigen Gruß der Sklavin:

„Shika moo, Bibi" (Ich umfasse deine Füße, Herrin).

„Marhaba" (Es ist gut), erwiderte die Araberin stolz und maß mit offener Verachtung die neue Suria.

„Bei Gott," sagte sie dann auflachend, „der Herr versteht es, Weiber auszuwählen! Ein häßlicheres Scheusal konnte er nicht finden, als dieses Buschweib, das das Abzeichen ihres unreinen Stammes im Gesicht trägt!"

Dabei wies sie auf das Ndonya, ein kleines, die Oberlippe durchbohrendes Loch, das Salama als Yaho-Weib erkennen ließ. Weniger gehässig, wenn auch gerade nicht freundlich, nahmen sie ihre Genossinnen, die andern Surias auf. War sie doch eine Mitbewerberin um die kurze Gunst des Herrn!

Salama, als jüngste, wurde zur Suria ya chooni, zum Kebsweib des Badezimmers ernannt. In der Nähe dieses Raumes, der zugleich andern natürlichen Verrichtungen diente, mußte sie sich aufhalten, dort schlief sie nachts. Sobald sie den Schall der klappernden Holzsandalen hörte, die ihr Herr zum Baden anlegte, mußte sie sich zum Dienste bereit halten. Nie gab er ihr ein freundliches Wort, nie die dürftigste Zärtlichkeit, nur wenn ihm gerade die Laune dazu kam, büßte er in tierischer Weise seine Lust. Und selbst in diese Gunst, wenn dies eine Gunst genannt werden kann — mußte sie sich mit der Frau, mit den andern Surias teilen. Sie liebte ihren Herrn nicht, doch empfand sie das Erniedrigende einer solchen Behandlung. Aber was erträgt nicht alles der unverwüstlich heitere Sinn einer Negerin! Bald hatte sie sich, wenigstens äußerlich, in das Unvermeidliche gefunden, saß scherzend und lachend mit ihren Genossinnen im Hofraum, nähte und fertigte Matten und legte sich abends auf ihre Matte im Badezimmer. Dann hörte sie, wie der Herr sich zu der Frau seiner heutigen Wahl begab, wobei er eine ziemlich regelmäßige Reihenfolge einhielt. Kurz nachdem er verschwunden, begann Fereshi, der Bwana mdogo (Junge Herr), sein Unwesen zu treiben. Mit bloßen Füßen schlich er zu der Thür oder dünnen Lehmwand des Raumes, in dem sein Vater weilte, und horchte. Was er dort vernahm, erregte seine Heiterkeit oft so, daß er sich vor Lachen schüttelte.

Dann, wenn es ruhig wurde und er das Schnarchen des Vaters hörte, hielt er es an der Zeit, seinerseits das Schnupftuch zu werfen. Was waren ihm die Weiber seines Vaters? Die Sklavin, die ihm das Leben geschenkt, sollte ja, wie man sagte, den Mißhandlungen des Alten erlegen sein und lag,

Gott weiß wo, verscharrt. Am meisten reizte ihn dabei die voll erblühte Schönheit der Halbaraberin, der Frau des Arabers, die die Besuche des hübschen frühreifen Jungen nicht ungerne sah. Daneben blieb aber keine der Surias unbehelligt. An Salama hatte er sich bisher noch nicht herangewagt, da ihr Schlafraum, das Badezimmer, vom Vater auch nachts besucht wurde.

Eines Nachts jedoch, als der Araber in einer entfernten Hütte nächtigte, vernahm Salama in später Nachtstunde leise Schritte im Baderaum. Sie fuhr auf, denkend, der Herr benötige ihre Dienste. Da fühlte sie sich von nerviger Knabenfaust ergriffen und über den Haufen gerannt: es war der Bwana mdogo, der kam, um auch von ihr seinen Tribut einzuheben. An Widerstand war natürlich nicht zu denken, der hätte Lärm und einen Zusammenlauf verursacht, bei dem der Bwana mdogo sich sicher herausgelogen, die Sklavin sicher durchgepeitscht worden wäre.

Außer durch diesen, wurde sie auch durch einen andern nächtlichen Vorfall erschreckt. Vor dem kleinen vergitterten Fenster hörte sie halblaut ihren Namen rufen. Mit der rauchigen Ampel aufleuchtend, erblickte sie Faisi, ihren früheren Mann. Er sah herabgekommen und schmutzig aus, sein Rücken war mit Striemen bedeckt und wirr hing ihm sein filziges Wollhaar in die Stirne. Nachdem man seine Frau von ihm genommen, war er in einen bei Negern nicht seltenen Zustand völliger Apathie verfallen. Er, früher ein eifriger und geschickter Arbeiter, war nun faul und unbrauchbar, wurde durchgepeitscht und während einiger Zeit in einem dunklen Raum an einen Pfahl gekettet. Als dies nichts fruchtete, ließ man ihn wieder laufen und sein erster Weg galt Salama, deren Aufenthalt er erkundet hatte.

Vor Angst stotternd, tauschten sie einige Worte, dann verschwand Faisi, unhörbar wie er gekommen.

Gleichmäßig verflossen Wochen und Monate; neue Surias wurden eingestellt, alte ausgemustert und an Aufseher und Ackersklaven verheiratet. Salama wurde von ihrem Posten im Badezimmer abgelöst und bekam ihren eigenen Wohnraum. Bei der reichlichen Nahrung und ruhigen Lebensweise hatte sie sich sehr zu ihrem Vorteile verändert. Aus der dürren, unscheinbaren Landsklavin war ein stattliches Weib mit mattglänzender brauner Sammthaut und zarten Händen geworden. Wenn sie mit leuchtenden Augen und freier Haltung, in malerische Shawls gekleidet über den Hof schritt, so mußte selbst die Frau des Arabers zugeben, daß der Herr nicht so schlecht gewählt habe. Langeweile oder auch nur den Begriff davon kannte sie nicht. Wenn sie gerade nicht häusliche Arbeiten vornahm oder bei der Toilette war, wo besonders die Haarfrisur Stunden in Anspruch nahm, so lag sie träumerisch auf der Kitanda, oder unterhielt sich bei den Genossinnen mit den üblichen Haremsintriguen. Manchmal freilich packte die ganze Weiberschar ein jäher Schreck: es war, wenn eine der Surias plötzlich, ohne sichtbare Veranlassung verschwand und das Gerücht umlief, daß der Herr sie auf einer Untreue ertappt und zur Bestrafung fortgeschafft habe. Man hörte dann meist nichts mehr von ihr.

Ein großes Ereignis war es, wenn eine der Surias Nachkommenschaft erwartete. Angstvoll sah sie dann ihrer schweren Stunde entgegen, drohten ihr doch die größten Gefahren. Denn es gab keine im Harem, die sich dem Herrn gegenüber rein gefühlt hätte. Die Streiche des Bwana mdogo freilich waren bei seinem jungen Alter wenig gefährlich, auch war er ja im schlimmsten Fall vom selben Blute wie der Alte, und seine Sprößlinge konnten nicht zu sehr aus der Art schlagen. Doch auch die Manyema-Thürhüter pflegten manchmal von den süßen Früchten des Harems zu naschen. Und

Salama.

wie Salama ihren Faisi, so hatten auch andere frühere Gatten, Landsleute und Genossen, die nachts die Gefahr eines Besuches nicht scheuten. Während der Zeit, wo der Araber auf Reisen war, wurden oft förmliche Orgien gefeiert. Die Gefahr war also groß. Auch für Salama kam diese schwere Zeit: ihre Stunde war vorüber und das Kindlein lag in ihrem Arm. An der Hautfarbe war nichts zu erkennen, denn auch schwarze Neugeborene sind weiß oder vielmehr krebsrot. Doch der Gesichtsschnitt, die großen schwarzen Augen und die zarten, nicht wolligen, sondern glatten Härchen am Kopfe zeigten arabische Abkunft an. Bwana Abedi ließ einige Tage verstreichen bis die lichtbraune Hautfarbe des kleinen Mädchens sichtbar wurde, dann erschien er am Lager der Wöchnerin. Er hob das Kind auf, musterte es scharf. Dann entfernte er sich schweigend. Angstvoll fragte Salama:

„Ame kili?" (Hat er es anerkannt?).

„Ame kili" (Er hat es anerkannt), antwortete eine alte Sklavin, die mehrmals mit angesehen, wie der Araber im umgekehrten Fall das Kind einfach mit den Händen erwürgte und verächtlich in einen Winkel warf. Noch drohte dem Kinde eine weitere Gefahr, es konnten ihm beim Zahnen die oberen Schneidezähne zuerst wachsen, in welchem Falle es als Teufelskind, als Kigego unverzüglich sterben mußte. Doch auch dies ging glücklich vorüber. Die Kleine erhielt den Namen Ranie Binti Abedi, wurde aber für gewöhnlich Kibibi, kleine Herrin genannt, da sie als Tochter eines Kebsweibes alle Rechte legitimer Kinder genoß. Kibibi wuchs zu einem lebhaften munteren Kind heran, das selbst den finsteren Ernst des Vaters erheitern konnte. Salamas Stellung hatte sich sehr gebessert, sie wurde nun Mamie Kibibi (Mutter Kibibis) genannt und stand der rechtmäßigen Frau an Ansehen fast gleich. Ihr Verhältnis zu Faisi dauerte übrigens fort, und die beiden wußten ihre Gelegenheit so schlau auszuspüren, daß eine Entdeckung kaum zu fürchten war.

Da geschah es, daß infolge der Dürre eine Hungersnot bei Tanga ausbrach. Auch die Ackersklaven Abedis, die er sonst als nützliche Arbeitstiere gut ernährte, hatten darunter zu leiden, während es im Harem stets genug zu essen gab. Da schlich denn Faisi manchmal mit knurrendem Magen auch zur Tageszeit um das Gitter und suchte durch ein Signal Salama anzulocken.

So kam er auch wieder eines Tages und Salama steckte ihm durch eine Oeffnung im Gitter einige Brotfladen zu. Als sie sich zum Gehen umwandte, sah sie zu ihrem tödlichen Schreck den starren Blick ihres Herrn auf sich gerichtet. Er blieb vollkommen ruhig und ließ auch während des Restes des Tages nichts merken. Hatte er den Vorgang übersehen? Salama sollte nicht lange im Zweifel bleiben. Sobald es dunkel geworden, berief sie einer der Thürhüter in den Vorraum und teilte ihr mit, daß er sie nach einem Landhaus bringen solle, wohin der Herr schon vorausgegangen war. Salama wußte nun, daß ihr das Schlimmste bevorstand. Es war zufällig dasselbe Landhaus, in dem sie zum ersten Male den Araber getroffen. Er lag im Wohnraum bequem hingestreckt und ließ sich von der Suria — es war dieselbe wie damals — massieren. Sobald er Salama erblickte, befahl er, sie nebenan auf ein Negerbett zu binden und zu peitschen. Klatschend fielen die Hiebe der Nilpferdpeitsche, gellend tönte das Geschrei Salamas:

„Ewala Bwananga! Ewala, Seydiyangu! Natubu! bassi! bassi! Nisamahe, mamie Kibibi!“ (Zu Befehl, mein Herr! Zu Befehl, mein Sultan! Ich bereue! genug! genug! Schone mich, die Mutter Kibibis!)

Abedis Landhaus.

Doch als dann die Hiebe dichter regneten und der Schmerz unerträglich wurde, da verließ sie alle eingelernte Sklavendemut, und der Urschrei des Afrikaners, der Schrei, den man überall, vom Kongo bis zum Indischen Ocean hören kann, wo ein Menschenkind sich in Qualen windet:

„Máma! Mámawee!" (Mutter! Oh du Mutter!) war es, den sie schaurig in die Nacht hinaus heulte.

Von Entsetzen gepackt verrichtete die Suria nebenan mit zitternden Händen ihre Massage. Aber auch Bwana Abedi fühlte sich gar nicht wohl. Was war das nun für ein tolles Geschrei! Da konnte man wieder sehen, daß Salama doch nur eine Wilde war. Eine wohlerzogene Sklavin würde sicher nicht so gebrüllt haben, wenn sie wußte, daß ihr Herr nebenan der Ruhe pflegte. Mißmutig erhob sich Bwana Abedi und begab sich in den Nebenraum, wo Salama schon bedeckt mit blutigen Striemen lag. Er ließ sie derart festbinden, daß ihr Kopf über die Bettkante hinausragte. Dann wurde ein Topf mit glühenden Kohlen gebracht, feuchte Bananenblätter darauf gehäuft und so vor Salama aufgestellt, daß die dichten Rauchwolken ihr ins Gesicht schlugen. Nun würde sie wohl Ruhe geben. Und sie gab Ruhe. Befriedigt suchte der Araber sein Lager wieder auf. Das Sausen und Klatschen der Peitsche störte ihn weiter nicht und das sanfte Bestreichen seiner Füße durch die Suria übte bald seine einschläfernde Wirkung. Finstere Gedanken gingen dabei durch ihren Kopf. Sie hatte natürlich auch ihre Liebhaber. Wie, wenn ihr dasselbe Los wie Salama bevorstand? Sie nahm sich vor, dem sobald als möglich durch einen wohlpräparierten Mchuzi, einer Sauce mit hineingeschnittenem giftigen Bunju (Kugelfisch), vorzubeugen. Der Araber ahnte nicht, daß die weiche Hand, die ihn so zart streichelte, bestimmt war, ihm demnächst das Giftmahl vorzusetzen.

Sobald Abedi sich nicht mehr rührte, beugte die Suria sich über ihn, um sich zu überzeugen, daß er schlafe. Dann eilte sie, die Sklaven nebenan einhalten zu lassen. Salamas Körper war nur eine blutige Fleischmasse. Sie wurde losgebunden und aufgerichtet. Es war zu spät. Sie war tot.

Am Morgen wurde dem Bwana Abedi gemeldet, daß seine Sklavin Salama gestorben sei. Er nahm dies mit völligem Gleichmut auf und überließ es dem Nokora, den Leichnam Salamas einzuscharren, während er den Rückzug antrat.

Während sein Vater derart „in Geschäften" abwesend war, hatte Fereshi, der treffliche junge Herr, sich auf seine Art weidlich vergnügt. Nachdem er die Frau und die Kebsweiber seines Vaters zur Genüge genossen, rief er ein paar Araberjungen aus der Nachbarschaft herbei, faule Tagediebe, wie er selbst, die nichts gelernt hatten, als ein paar Koranverse leiern und die kaum notdürftig lesen und schreiben konnten.

Nun sollte ein großes Tanzfest abgehalten werden. Die Haussklavinnen und anderes Weibervolk wurden aufgeboten, Palmwein herbeigeschafft, und bald war zum Klange der Trommel der Tanz im Gange. Er währte die ganze Nacht hindurch und die aufgehende Sonne beschien noch die letzte Gruppe der Tanzenden.

Unter einem Mangobaum standen drei kraftvolle Neger mit nacktem Oberkörper, taktfest und in rasendem Tempo die in Dreiklang gestimmten, dröhnenden Negertrommeln bearbeitend. Um sie herum taumelte von Hanf und Palmwein trunken, mit glasigen Augen, eine Schar Weiber, halb mechanisch immer dieselbe Bewegung des Hinterleibes ausführend, daß die durchnäßten Tücher an den glänzend schwarzen, schweißtriefenden Körper anklatschten.

Bwana Abedi mochte von dem, was er bei seiner Rückkehr sah, nicht besonders erbaut sein. Doch er blieb unbeweglich wie immer und erwiderte kalt den Gruß, den sein Sohn ihm demütig-verlegen darbrachte. Da erblickte die kleine Kibibi, an der Thürschwelle spielend, den Vater. Jubelnd, mit leuchtenden Augen, eilte sie ihm entgegen. Nachdenklich betrachtete der Araber das Kind. Dann ließ er sich auf einen Baumstamm nieder und nahm Kibibi auf den Schoß.

Es lag damals ein europäisches Kriegsschiff im Hafen von Tanga, und zwei Offiziere, die sich am Lande ergingen, kamen eben vorbei.

„Sehen Sie doch," sagte der eine, „dieses freundliche Bild. Der prächtige alte Araber, ein echter Patriarchenkopf, mit dem reizenden Kinde im Arm. Daneben der heranblühende Jüngling, den Blick in liebevoller Ehrfurcht auf den Vater gerichtet. Und dort, unter dem Mangobaum, die armen, viel beklagten Sklaven zu fröhlichem Tanze vereint. Wirklich, ein orientalisches Idyll. Das sollten die Herren Sklavenbefreier und Araberfresser am grünen Tisch daheim einmal mit ansehen."

Risiki Kondor.

Wer durch längere Zeit das Innere Ostafrikas bereist hat, bei dem sammeln sich eine Anzahl Leute, die sich selbst seine „Watoto" (Kinder) nennen und als Schutzbefohlene oder Hörige bezeichnet werden können — um das verpönte Wort Sklaven zu vermeiden. Man gelangt auf verschiedene Weise zu solchen Schützlingen. Oft sind es Unglückliche, die, wegen Zauberei oder aus andern abergläubischen Gründen von ihrem Stamme ausgestoßen, bei der durchziehenden Karawane der Europäer Zuflucht suchen, oft Kinder, die in Zeiten der Hungersnot von den Eltern nachts ins Lager geschmuggelt werden und sich morgens als schreiende Findlinge melden. Zwischen rauchenden Trümmern werden andere in Kriegszeiten aufgelesen, andere findet man im Zustande des bittersten Elends im Lager arabischer Sklavenhändler und befreit sie durch Freikauf oder durch Gewalt. Alle diese Schützlinge haben es gemeinsam, daß sie jämmerlich abgemagert, schmutzig und stumpfsinnig zur Karawane kommen, sich jedoch bei reichlicher Nahrung und freundlicher Pflege durch die gutmütigen Träger unglaublich rasch erholen. Nach einem Monat sprechen sie leidlich Swahili und thun so, als ob sie immer da gewesen wären, ja, sie beginnen sogar sich als Watoto des Europäers den Trägern gegenüber zu „fühlen". Kommt man schließlich mit diesen Leuten an die Küste, so sind sie derart swahilisiert, daß schon ein scharfes Auge dazu gehört, sie von der Küstenbevölkerung zu unterscheiden.

Einer der Leute, die ich 1892 am Nordende des Tanganyika aus einem halb verhungerten arabischen Sklavendepot freigekauft, ist Baraka Kivunja, ein kräftiger, tiefschwarzer Bursche vom Stamme der Wabembe. Der Sitte seines der Menschenfresserei ergebenen Stammes gemäß, hat er die oberen Schneidezähne spitz gefeilt, wodurch sein Gebiß etwas Haifischartiges bekommt, das seltsam im Gegensatze zu seinem breiten, gutmütigen Gesichte steht. Baraka hat die Eigentümlichkeit, von grinsendem Lachen unvermittelt und blitzartig in tiefen Ernst überzugehen, was äußerst komisch wirkt, schon im Innern die Heiterkeit seiner Kameraden erregt hat und von diesen mit „blitzen" bezeichnet wurde. Als wir 1893 in Pangani die Küste erreichten, brachte ich Baraka mit meinen übrigen Watoto auf einer Plantage unter, wo sie sich landwirtschaftlicher Arbeit widmeten. Doch Baraka besaß ein höheres Streben. Pflügen, Baumwolle ernten, Vieh hüten sind ja sicher ehrenvolle und schöne Thätigkeiten, aber höher stehen doch der Koch, der Diener, die im Hause des Europäers arbeiten. Der Leiter der Plantage, der seinen Mann kannte, wollte lange nichts von solchen Veränderungen wissen, machte Baraka jedoch auf sein dringendes Bitten schließlich zum Küchenjungen. Holz- und Wassertragen, selbst Feueranmachen besorgte er ganz gut; wie es aber an feinere Arbeit ging, zeigte er unglaubliches Ungeschick und leistete Fabelhaftes im Zerschlagen von Tellern, Umwerfen von Töpfen und Verderben von Speisen. Dabei konnte der neue Beruf seinem hochfliegenden Ehrgeize nicht genügen. Denn die Kunst eines Koches, so bedeutungsvoll sie auch ist, entbehrt doch des äußeren Glanzes. In räucheriger Küche muß er seine kulinarischen Leistungen zusammenbrauen, unbeachtet waltet er seines Amtes. Wie ganz anders der Boy, der Tischjunge, der sich in den lichten Höhen des Speisesaales bewegt, stets tadellos fein, „mardadi“, gekleidet sein muß und sich direkt der Gnadensonne der Europäer erfreuen darf. Diese leuchtende Idealgestalt, der Mardadi-Boy, dem das Herz aller schwarzen Schönen zufliegt, schwebte dem guten Baraka vor, als er unten in der Küche seine Töpfe wusch und täglich mehr Ohrfeigen und Rippenstöße erhielt. Da schien ihn das Schicksal begünstigen zu wollen: ein neuer Europäer traf auf der Plantage ein, für den kein Diener da war. Baraka wurde gerufen und trat tief beschämt mit schmutziger Küchenschürze vor seinen Gebieter. „Das ist unser Krokodil vom Tanganyika-See, ein ganz guter Kerl, aber furchtbar dumm,“ sagte der Plantagenleiter, vorstellend. „Baraka,“ fuhr er sodann auf Swahili fort, „willst du Boy bei diesem Bwana (europäischen Herrn) werden?“ „Inshallah, nataka“ (wenn Allah will, bin ich bereit), antwortete Baraka feierlich und „blitzte“, das heißt, er grinste blitzschnell über das ganze Gesicht, um sofort wieder in düsteren Ernst zu versinken. Damit hatte er seinen ersten Heiterkeitserfolg, wurde in Gnaden aufgenommen, bekam schöne Kleider und mußte abends beim Bedienen mithelfen. Er goß den Gästen Bratensauce über den weißen Tropenanzug, griff dienstfertig mit den Fingern in die Schüsseln, um das Herausnehmen zu erleichtern, und sollte gleich am ersten Tage erfahren, daß der Beruf eines Boy auch bittere Stunden hat.

Baraka hatte nun sein Ideal erreicht; aber wie alle menschlichen Ideale hinfällig sind und, erreicht, sofort wieder einem neuen, höheren Ideal Platz machen, so sollte dies auch Baraka bald an sich erfahren. Es geschah nämlich, daß ein Europäer aus Zanzibar zu Besuch nach der Plantage kam. Er brachte seinen Boy, einen Zanzibariten, mit, der mitleidsvoll auf seine ländlichen Kollegen herabblickte. Trugen diese ein weißes, aber grobes Hemd, so war er mit einem langen Kansu aus feinem Baumwollstoff bekleidet, das die glänzend braunen Glieder durchschimmern ließ und am Halse zierlich rot ausgenäht war. Seine Mütze war nicht einfach weiß, sondern mit hübschen Mustern bedeckt, auch drückte er sie sorgfältig in Falten, was die Plantagenjungen sich vergeblich mühten, ihm nachzumachen. Er trug nicht wie sie ein einfaches weißes Tuch als Lendenschurz, sondern ein mit Waschblau leicht getünchtes, bunt gesäumtes Kikoi, auch lief er nicht barfuß, sondern trug geflochtene Ledersandalen. Die Nägel seiner Hände und Füße waren mit Henna rot gefärbt, seine Kleidung und sein Körper erhielten durch Sandelholzparfum einen angenehmen Duft. Da er dabei ein hübscher hellfarbiger Junge mit arabischer Blutmischung war, erregte er auf der Schamba (Plantage) geradezu Aufsehen. Die Herzen sämtlicher mannbarer Weiber flogen ihm zu, und seine Mitboys betrachteten ihn mit neidischer Ehrfurcht. Manchmal ließ er sich herbei, ihnen von Zanzibar, dem „ostafrikanischen Paris" zu erzählen, vor allem von den Eroberungen, welche die Boys dort unter den farbigen Damen — und was für Damen! — machten. Das waren keine Feldarbeiterinnen mit rauhen Händen und von der Sonne gebeizter schwarzer Haut, sondern zarte Haremsfrauen, auch Araberinnen, die den Boys manchmal ihre Gunst schenkten, ja ein dunkles Gerücht, von dem nur flüsternd gesprochen wurde, meldete, daß ein dunkelfarbiger geschmeidiger Bursche selbst vor den Augen einer europäischen Gebieterin Gnade gefunden. Mochte dieses Gerücht auch in das Gebiet der Mythe zu verweisen sein: jedenfalls war Baraka durch alles, was er gesehen und gehört, aufs tiefste erregt, und der Entschluß stand fest bei ihm, nach Zanzibar zu gehen und dort sein Glück zu versuchen. Falls

Baraka Galoschen besessen oder diesen Begriff auch nur gekannt hätte, so wäre die Annahme nahe gelegen, daß er die Galoschen des Glückes sein eigen nenne, denn bald darauf traf es sich, daß ich nach langer Abwesenheit nach Pangani kam, in der Absicht, meine Schützlinge von dort abzuholen, um sie als Träger bei einer Tour durch die Insel Zanzibar zu verwenden.

So kam denn Baraka nach Zanzibar: er starrte in ländlicher Einfalt den Sultanspalast, das „Haus der Wunder" an, bewunderte den Leuchtturm, auf dessen Spitze nachts ein elektrisches Licht und tagsüber eine rote Flagge sichtbar war, und verlief sich in dem engen Straßengewirr der Bazars, wo lebhaftes orientalisches Leben herrscht und alles feilgeboten wird, was das Herz eines Negers begehren kann. Die geträumten Erfolge blieben allerdings vollständig aus. Der „Mtu a schamba" (Landbewohner) stand ihm doch zu deutlich auf der Stirne geschrieben: je mehr er sich bemühte, seine Mütze in zierliche Falten zu legen und in Gang und Schwingen des Stäbchens die vornehm nachlässige Haltung der Zanzibar-Gigerln nachzuahmen, desto mehr wurde er ausgelacht. Das Härteste war, daß die Damenwelt ihn vollständig ignorierte. Aber Baraka war nicht so leicht abzuschrecken, er setzte seine Wanderungen fort, civilisierte sich immer mehr und stieß endlich auf eine Zanzibaritin — und zwar nicht die schlechteste — die ihn mit weniger feindlichen Blicken zu betrachten schien. Sie saß auf lehmgestampftem Estrich unter dem Vordache einer Hütte und flocht mit flinken Fingern an einer Matte. Sie trug bunte, mit phantastischen Mustern bedeckte Baumwolltücher und eine Ukaya, ein turbanartiges Tuch, um den Kopf geschlungen und glich in jeder Hinsicht einer echten Zanzibaritin. Dennoch erkannte Baraka bald, daß sie nicht auf der grünen Palmeninsel, sondern weit im Innern, nicht allzufern von seiner eigenen Heimat, geboren sei. Diese Entdeckung, welche er mit dem den Afrikanern hierin eigenen Spürsinn gemacht, ermutigte ihn sehr, und er beschloß, sich um die Gunst der Schönen zu bewerben.

Zu diesem Behufe kauerte er sich stumm vor sie auf den Estrich, während die Schöne ihn anscheinend gar nicht beachtete und nur von der Seite auf ihn herabblinzelte. Nach langer Pause, bei der die Negerin emsig weiter flocht, rief Baraka:

„Salaam aleikum!"

„Aleikum Salaam!" erwiderte das Mädchen, anscheinend erstaunt von seiner Arbeit aufblickend. Dann wieder langes Schweigen.

„Wie geht's?"

„Gut."

„Was giebt es für Neuigkeiten?"

„Gute."

Damit waren die Höflichkeitsformen erledigt, und nach abermaliger längerer Pause begann Baraka:

„Ist dein Mann zu Hause?"

„Ich habe keinen Mann."

„Gott sei gepriesen!"

Die Schöne lächelte kokett, und Baraka entschloß sich nach reiflichem, in ernstem Schweigen verbrachten Nachdenken zu einem neuen Angriff.

„Bitte, Herrin, gieb mir etwas Betel zu kauen."

„Sina." (Ich habe keinen.)

Nachdem Baraka diese Antwort erhalten, erhob er sich und entfernte sich, jedoch ohne „Kwaheri" (Lebewohl) zu sagen, womit er ausdrückte, daß er sofort wieder zurückkehren wolle. Er begab sich zu einer Stelle, wo ein Knabe Betelblätter und Arekanüsse feilhielt, die, vermischt mit etwas Tabak und Kalk, von Indern und Ost-Afrikanern leiden-

Risiki und Baraka.

schaftlich gern gekaut werden. Er kaufte einen kleinen Vorrat, wickelte die Arekanuß in das grüne Betelblatt und schob auch seine gesamte flüssige Barschaft hinein, bestehend aus zwei Rupien und vier Annas, und schickte den Knaben mit diesem Geschenk zu seiner neuen Bekannten. Er beobachtete von weitem die Wirkung, und als die Schöne das Betelblatt und die Nuß in den Mund schob, das Geld in einen Zipfel ihres Tuches einknüpfte und dankend die Hand zur Stirne erhob, kehrte er wieder nach dem Vordache zurück. Nun war — falls dieser Vergleich in Afrika gestattet ist — das Eis gebrochen. Baraka erfuhr, daß das Mädchen Risiki hieß und — wie er richtig vermutet hatte — zwar in Zanzibar groß geworden, aber im fernen Manyema, an den obersten Zuflüssen des Congo, geboren und von Sklavenhändlern nach der Küste gebracht worden war. Sie stammte also, wie Baraka, von kannibalischen Eltern her und nahm weder an seinen spitz gefeilten Zähnen, noch an seinem ländlichen Benehmen Anstoß. Nach wenigen Tagen hatte sich das Paar verständigt: Baraka sah in einer Frau, welche heimatliche Abstammung mit dem feinen Schliff der Zanzibaritin verband, sein höchstes Ideal und erklärte, die kleine Risiki heiraten und mit nach Pangani nehmen zu wollen. Diese war gerne bereit dazu, äußerte jedoch sehr ernste Bedenken. Risiki war nämlich Sklavin, Sklavin eines Arabers, der gar nicht daran dachte, sein für gutes Geld erkauftes Eigentum ohne weiteres abzutreten. Und wo hätte Baraka hundert Rupien oder noch mehr hernehmen sollen, um Risiki freizukaufen, falls der Araber wirklich Lust gehabt hätte, sie zu veräußern? Alles dies stellte sie Baraka vor, der jedoch meinte, das sei ja allerdings für gewöhnliche Leute recht fatal, nicht aber für den Schützling eines Europäers, der unter allen Umständen einen Ausweg finden werde.

So kam es denn, daß das Paar sich am nächsten Tage bei mir einfand, teils um meine Einwilligung zu der geplanten Hochzeit zu erlangen, teils um meine Hilfe anzurufen. Risiki machte sich dazu sehr fein, hatte ihre mit Waschblau getünchten und mit schwarzen Mustern bedruckten Kanga (Baumwolltücher) malerisch um die Schulter geschlagen, um die zierlich gepflegten Haare wand sie das bunte Ukaya-Tuch. Sie sah gar nicht übel aus mit ihrer niedlichen kleinen Figur und ihren zierlichen Händen und Füßen, wie sie, nach Art der Zanzibaritinnen sich gefallsüchtig in den Hüften wiegend, den Arm keck in die Seite gestützt, mit verschämt-kokettem Lächeln vor mir stand. Etwas komisch wirkten allerdings drei kreisrunde, glänzend schwarze Flecken, welche sie sich zur Erhöhung des Glanzes auf die Nasenspitze und auf beide Backen gemalt hatte und welche ihr etwas Klownartiges gaben.

Meinen Segen bekam das Pärchen ohne Schwierigkeit; die Angelegenheit mit dem Araber war jedoch nicht so leicht zu lösen. Denn die Sklaverei ist in Ost-Afrika heute noch eine gesetzliche Institution, mit welcher eben gerechnet werden muß. Zum Glück haben die europäischen Mächte, welche aus Opportunitätsgründen die Sklaverei in Afrika noch dulden, zugleich auch die Brüsseler Akte geschaffen. Den Tausenden von Sklaven freilich ist die Existenz dieses internationalen Gesetzes ein tiefes Geheimniß, und selbst wenn sie es kennten, so würden sie aus dem Irrgarten seiner Artikel und Paragraphen kaum klug werden. Wer jedoch einmal gelernt hat, sich in diesem Wirrsal zu orientieren, der kann ohne Schwierigkeit jedem Sklaven zur Erlangung seiner Freiheit verhelfen. Da giebt es zum Beispiel einen Artikel 26, der dahin lautet, daß jeder Sklave, der sich an Bord eines Kriegsschiffes der Signatarmächte flüchtet, dadurch bedingungslos die Freiheit erlangt. Ich konnte Baraka also keinen besseren

Rat geben, als den schönen Nachmittag zu benutzen und mit Risiki eine Spazierfahrt nach dem Kriegsschiff „Kondor" zu machen, das gerade im Hafen von Zanzibar lag. Sie war auch von dem erwünschten Erfolge begleitet. Zwar machte die Verständigung Schwierigkeiten, auch war der Kommandant zufällig abwesend, so daß das Paar schließlich an Bord übernachten mußte und einen strammen Matrosen als Tugendwächter zugeteilt bekam. Aber schließlich wurde doch das Ziel erreicht, Risiki bekam ihren Freibrief und fuhr triumphierend mit Baraka ans Land. Auf dem Wege vom Strande nach meiner Wohnung kamen sie bei einem Schulmeister vorbei, der im Begriffe war, einer Schar näselnd singender Jungen den Koran einzubläuen. Diese Lehrer, Mwalim, dienen zugleich auch als mohammedanische Priester, und Baraka beschloß, sich wegen der Trauung an diesen zu wenden. Der Mwalim, ein gelber Halbaraber mit schmutzigem Hemde und verschlissenem Turban, blickte von dem dicken Koran auf, welchen er vor sich auf den Knien liegen hatte, und fragte, ob Baraka eine Rupie bei sich habe. Da dies der Fall war und die Rupie sofort erlegt wurde, verheiratete er das Paar ohne viele Umstände in der Schulstube. Kaum hatte sich Baraka entfernt, als ihm auch schon allerlei Bedenken über diese fixe Art der Trauung aufstiegen. Risiki, dachte er, ist Zanzibaritin, sie hat sich den leichten Sinn der Großstadt des Ostens angeeignet. Wer bürgt mir dafür, daß ihr nicht in Pangani ein anderer besser gefällt als ich und sie dann plötzlich behauptet, gar nicht mit mir verheiratet zu sein? Wer ist denn mein Zeuge? Wenn wenigstens einer meiner Kameraden oder gar der Europäer der Trauung beigewohnt hätte! Er sprach daher gegen Risiki den Wunsch aus, sich noch einmal in meiner Gegenwart mit ihr zu verheiraten, und stieß dabei auf geringen Widerstand; offenbar waren der praktischen Braut ähnliche Gedanken aufgestiegen. Bei mir angelangt, wiesen sie den Freibrief vor und berichteten, daß sie zwar schon verheiratet seien, sich zur Sicherheit jedoch in meiner Gegenwart noch einmal trauen lassen wollten.

Ich gestehe, daß ich in den islamitischen Ehegesetzen nicht besonders bewandert bin. Aber es schien mir nicht unmöglich, daß eine Religion, welche ihrem Bekenner gestattet, mehrere Frauen zu heiraten, es ihm auch freistellen könnte, dieselbe Frau mehrmals zu heiraten. Der Mwalim, der die summarische Trauung in der Schulstube vollzogen, wurde geholt und erklärte, Baraka müsse sich von seiner Frau scheiden und sie dann wieder heiraten. Die Scheidung ging sehr flott von statten. Baraka rief: „Taraka si mkeangu!" (Scheidung, sie ist nicht meine Frau!), und das eben verbundene Paar war wieder getrennt. Er rief es nur einmal, denn hätte er es dreimal gerufen, so hätte Risiki erst vorher einen andern Mann heiraten und sich scheiden lassen müssen, um sich wieder mit Baraka verbinden zu können.

Hierauf kauerte der Mwalim auf eine Matte, blätterte murmelnd im Koran und fragte sodann nach dem Vater des Bräutigams. Als dieser wurde ich vorgestellt. Als Brautvater wurde ihm der Kommandant des Kriegsschiffes „Kondor" namhaft gemacht.

„Wie viel zahlst du Brautgeld?" fragte er Baraka. — „Ich zahle zwanzig Rupien."

Der Mwalim sah sich einige Zeit nach den zwanzig Rupien um; da diese jedoch nicht erscheinen wollten, fuhr er — an solche Zwischenfälle offenbar schon gewöhnt — in seiner Rede fort:

„Da die Brautväter ihre ausdrückliche Einwilligung gegeben und das Brautgeld in meiner Gegenwart bar erlegt wurde, schreite ich zum Trauungsakt."

Baraka mußte nun niederknien, und Risiki stand in einer entfernten Ecke und that so, als ob die ganze Sache sie gar nichts anginge.

Der Mwalim leierte einige Verse aus dem Koran ab und sprach dann Baraka folgendermaßen an:

„Baraka Hadim Kivunja, siehst du dieses Weib dort? Es ist die gemeinste Dirne von Zanzibar, sie wird dir täglich untreu werden, sie wird dir Geld stehlen, um es andern Männern zu bringen. Sie wird dich mit Putz zu Grunde richten, ihre Faulheit und Falschheit wird für dich eine Plage sein. Dabei ist sie von gemeiner Abkunft, ihre Eltern waren Menschenfresser, sie badet nie, ihr Atem ist Gift, an Gestalt ist sie ein Zwerg, an Häßlichkeit ein Scheusal. Willst du sie haben?"

„Ja!"

„Gut; nun zu dir, Risiki Hadime Kondor! Betrachte diesen Mann, er hat Zähne wie ein Haifisch, er ist ein Wilder, der vorgestern im Busch abgefangen wurde. Er hat keine Spur von Erziehung, er ist ein fauler Tagedieb und Säufer, der dich täglich prügeln und mit Füßen treten und dir weder Nahrung noch Kleidung geben wird. Er wird dich zwingen, ihn zu füttern, und wird dir dabei vor deinen Augen mit andern Weibern untreu werden. Willst du ihn haben?"

„Ja!"

Dann ging es weiter mit Koransprüchen:

„Im Namen Gottes des Allerbarmers — höre, Baraka, damit ich nicht vergesse, die Trauung kostet natürlich wieder eine Rupie und die Scheidung auch eine Rupie, macht zwei Rupien."

„Wie, für die Scheidung willst du auch etwas haben, bei der hast du ja gar nichts gemacht?!"

„Na, eine halbe Rupie denn, lieber teurer Bruder!"

„Vier Annas, nicht einen Pesa mehr!"

„Gut denn, du Geizhals — gelobt sei Gott, der Herr der Welten, der König des jüngsten Tages, dich verehren wir, dich beten wir an . . ." und so fort in eintönigem Singsang, bis zuletzt das „Amin" ertönte und die „Feierlichkeit" beendet war. Der fromme Mann heimste seinen Obolus ein und entfernte sich mit vielen Salaams, seine Dienste für künftige Gelegenheiten empfehlend.

Das Paar war also nun zum zweiten Male verheiratet, und obzwar es in Ost-Afrika nicht Sitte ist, Verlobungskarten auszuschicken, so dauerte es doch gar nicht lange, bis der Araber, der frühere Besitzer Risikis, von der Sache Wind bekam. Er erschien ganz entrüstet und fragte, wie man es wagen könne, seine Sklavin ohne seine Einwilligung zu verheiraten. Er wurde angewiesen, eine Beschwerde bei den Behörden anzubringen; falls er sich irgendwie geschädigt glaube. Der Araber lief auch zu verschiedenen Konsulaten, zum Minister und selbst zum Sultan von Zanzibar, doch überall wurde ihm bedeutet, daß das Mädchen auf Grund des Artikels 26 der Brüsseler Akte seine Freiheit erlangt und er ganz und gar keinen Anspruch mehr auf dasselbe habe. In seiner Wut machte er schließlich den Versuch, das Mädchen aus dem Hause mit Gewalt fortzuholen, bekam jedoch dabei nur tüchtige Prügel, wurde wegen Hausfriedensbruches bestraft und mußte sogar an Risiki eine Entschädigungssumme zahlen. Einige Zeit später fuhr diese vergnügt mit Baraka nach Pangani ab.

Der Fall wurde in der europäischen Kolonie in Zanzibar ziemlich viel besprochen und besonders von Kaufleuten, die mit Arabern Geschäfte machen, meist abfällig beurteilt. „Wie kann man," hieß es, „dem armen Araber sein Eigentum in solcher Weise entziehen! Und wenn der Sklavin damit noch etwas geholfen wäre! Aber man braucht ja nur diesen Baraka, diesen stämmigen, brutalen Bauer anzusehen, um zu wissen, daß sie bei ihm einer viel härteren Sklaverei entgegengeht. Man kennt ja die Ehen in Afrika: die Frau ist einfach das Lasttier, und in wenigen Jahren wird Baraka aus der hübschen kleinen Risiki ein abgehärmtes altes Weib gemacht haben."

So sprachen die Kenner der Verhältnisse, Leute, die schon jahrelang in Afrika leben, täglich um 8 Uhr ins Komptoir gehen, bis 12 Uhr dort arbeiten, dann frühstücken, Nachmittags bis 5 Uhr arbeiten, dann einen Spaziergang nach dem Deutschen Klub machen, dort über die klatschen, die gerade abwesend sind, nach dem Essen abends in den Klub gehen, dort Zeitungen lesen, Skat spielen oder Kegel schieben — also alle Gelegenheit haben, sich mit dem intimen Leben der Eingeborenen vertraut zu machen. So sprechen die ernsten, nüchternen Kaufleute, die sich von verdrehten Ethno- und andern -graphen kein X für ein U vormachen lassen.

Um die Prophezeiungen dieser Schwarzseher auf ihre Richtigkeit zu prüfen, müssen wir einige Monate verstreichen lassen und dann Baraka in Kitifu, einem Dörfchen bei Pangani, aufsuchen, wo er zwischen Mangobäumen und Kokospalmen sein Heim aufgeschlagen. Ich benutzte einen kurzen Aufenthalt in Pangani zu einem Ausfluge nach Kitifu und traf Baraka schon auf dem Wege dahin, mit der Hacke vom Felde heimkehrend. Alles Gigerlhafte hatte er vollständig abgelegt, trug wieder sein grobes, staubiges Bauernhemd, aus dessen Rissen die kraftvollen, dunkelbraunen Glieder hervorlugten. Risiki überraschten wir unter dem schattigen Vordach der mit Palmenblättern gedeckten Lehmhütte. Sie war tadellos sorgfältig gekleidet, neben ihr lag eine angefangene Matte. Sie war eben beschäftigt, sich vor dem Spiegel unter den Augen dunkelblau zu malen, womit die wilden Afrikanerinnen sich einen schwärmerischen Ausdruck geben wollen. So wie sie mich erblickt hatte, sprang sie mit vielen „Karibu, karibu!" (Willkommen) auf und führte mich in die Hütte, welche zwar wie alle Negerbehausungen fensterlos und daher halb dunkel, sonst aber sehr nett gehalten war. Der Estrich war tadellos gefegt, an den Wänden prangten ein paar alte Bilder aus illustrierten Zeitungen und bunte Geschäftsanzeigen europäischer Exportfirmen. Von der Decke hing eine Petroleumlampe, sogar ein Rohrstuhl stand in dem Zimmer. Das Hauptmöbel war jedoch ein hochbeiniges, mit Kissen und bunten Kangatüchern belegtes Bett. Die Küche befand sich nicht in diesem Raume, sondern in einem angrenzenden, der eine Thür nach dem umzäunten Hof besaß.

Risiki lagerte sich malerisch auf das Bett, während ich auf dem Rohrstuhl Platz nahm, und rief mit gebieterischer Handbewegung ihrem grinsend an der Thür stehenden Gatten zu: „Haya (vorwärts), Baraka, klettere sofort auf eine Kokospalme und hole dem Bwana frische Nüsse (Madafu) als Labsal. Ja, Ja," fuhr sie seufzend fort, als Baraka sich entfernt hatte, „er ist immer noch ein Mjinga (Tölpel), aber der Prophet wird mir helfen, ihn zu erziehen. Im ganzen bin ich zufrieden mit ihm; keinen Pesa von seinem Lohn behält er zurück, alles bringt er mir am Zahltage; auch was er sonst nebenbei durch Verkauf von Obst, Feuerholz u. s. w. verdient, liefert er regelmäßig ab."

Als Baraka zurückgekehrt war und mir die aufgeschlagene Kokosnuß als köstlichen Trank reichte, war die Nacht mit der Schnelligkeit der Aequinoctien fast hereingebrochen. „Haya, Baraka", rief Risiki, „zünde die Lampe an!" Baraka schien doch über diese ungenierte Art des Herumkommandierens in meiner Gegenwart etwas unangenehm berührt und wagte einen schwachen Widerstand:

„Höre, Risiki, könntest du die Lampe nicht anzünden?"

„Wie, ich die Lampe anzünden?! Was verstehe ich von einer Lampe? Für mich giebt es keine Lampe. Du warst Diener bei Europäern, du bist dazu da, das ist Kazi yako (deine Arbeit) und nicht Kazi yangu (meine Arbeit)."

„Was ist denn eigentlich Kazi yako, Risiki?" erlaubte ich mir ganz bescheiden zu fragen.

„Kazi yangu?" — und trotz des Respekts traf mich ein entrüsteter Blick — „Kazi yangu uzuri!" (Meine Arbeit ist die Schönheit). Das ist nichts geringes. Freilich, was kann ein Bauer, ein Baraka, was kannst selbst du, Bwana, ein Europäer, obwohl du schon lange im Lande lebst, davon wissen, was alles zur Schönheit einer Swahili-Frau gehört? Eure Europäerinnen mögen es ja recht leicht haben; sie hüllen sich in zwei, drei Röcke, ziehen ein Paar Stiefel an und — fertig sind sie. Aber bei uns ist das nicht so einfach, vor allem, wenn man, wie ich, keine Sklavin hat. Na kwanza nguo. (Schon einmal das Zeug.) Glaubst du, daß ich in dieser Wildnis jemanden finden kann, der meine Kanga (Baumwolltücher) kunstgerecht und mit der richtigen Menge Waschblau waschen kann? Keine Ahnung, ich muß dies selbst thun, die Tücher dann sorgfältig zusammenfalten und mit Mrashi (Parfum) bespritzen. Auch mein Mharuma (Kopftuch) muß ähnlich behandelt werden. Ich bade täglich zweimal, rasiere alle Körperhaare und reibe mich dann mit Oel und Sandelholzparfüm ein, so gut es eben ohne Sklavin gehen will. Du siehst, daß meine Ohrmuscheln von je vier Löchern durchbohrt sind, jedes so groß, daß man den Finger durchstecken kann. In diese kommen Röllchen bunten Papiers, die oft gewechselt werden müssen und deren Herstellung Stunden in Anspruch nimmt. Auf den Nägeln meiner Hände und Füße siehst du einen roten, halbmondförmigen Fleck. Um diesen anzubringen, muß ich einen Teig von Henna auftragen und geduldig warten, bis die Farbe gezogen hat. Unter den Augen bemale ich mich mit Wanja (gebranntem Reismehl), im Gesicht stellenweise mit schwarzen Flecken von Koroscho. Alles dies kann man zur Not selbst besorgen, aber frisieren muß ich mich von einer andern Frau lassen. Glaubst du, daß ich, als ich hierherkam, nur eine einzige Frau gefunden habe, die das Frisieren verstand? Hatta Kidogo! (Nicht im geringsten!) An ihren eigenen Wollschädeln muß ich den Weibern die Kunst beibringen, das Haar nach Zanzibar-Art herzurichten. Da muß das lange, wollige, seidenweiche Haar erst gründlich gekämmt und mit Sandelöl gesalbt werden, dann wird es in kunstvolle Strähne geflochten, die gleichlaufend von der Stirn bis zum Nacken sich ziehen. Mehr als zwei bis drei Tage hält so eine Frisur nicht an, dann muß sie geöffnet und in andern Mustern neu geflochten werden. Bald sind die Strähnen breit, bald fadendünn, bald wechseln breite mit schmalen Strähnen. Im Nacken werden wohlriechende Mkadiblätter oder Jasminblüten eingeflochten, auf den Scheitel ein duftendes rotes Pulver gestreut. Ja, das gefällt euch Männern freilich, wenn ein Swahili-Mädchen mit flott übergeworfenen Kanga-Tüchern, sammetweicher Haut und blitzenden Augen vor euch steht, duftend von Sandel und Jasmin. Aber das verlangt kazi, kazi nyingi sana (Arbeit, viel Arbeit)."

„Das ist richtig, aber machst du denn wirklich gar nichts anderes, Risiki?"

„Was sollte ich sonst noch viel machen, na kaa tu (ich lebe bloß), höchstens helfe ich den andern Weibern bei ihrer Toilette und frisiere sie, wofür ich manchen Pesa bekomme, oder flechte bunte Matten, die Baraka auf dem Markte verkauft."

Risiki beim frisieren.

„Kochst du denn nicht?"

„Kochen? Aber Bwana, du kannst doch nicht verlangen, daß ich, Risiki Kondor, die Tochter eines der größten, ja des größten Kapitäns der Welt, kochen soll! Das besorgt Baraka oder eine alte Negerin, welche dafür mitessen darf. Ich koche höchstens am Sikukuu (Feiertag), denn was ich in der Küche des Arabers in Zanzibar gelernt habe, ist für gewöhnlich doch zu kostspielig für uns."

Es war inzwischen dunkel geworden und ich brach, begleitet von Baraka, auf. Die lauten „Kwaheri! Kwaheri!" (Lebewohl) Risikis tönten hinter uns, während wir auf schmalem Feldpfad in die lauwarme Tropennacht hinausschritten. Die Cikaden hatten ihr tausendstimmiges gellendes Konzert begonnen, Leuchtkäfer von herrlichem Glanz spielten durch das nächtliche Gezweige, die Luft war von jenem aromatischen, den Tropen eigenen Pflanzenduft erfüllt. Scharf hoben sich die Umrisse der Palmen von dem Sternenhimmel ab.

Baraka schritt hinter mir her und erzählte in seiner naiv-einfältigen Art von seinem einfachen Dasein. Mit Risiki war er vollständig zufrieden und fand an ihrer für die Frau eines Feldarbeiters allzu bequemen Lebensweise nichts auszusetzen. Er äußerte den Plan, als Träger eine Karawane nach dem Innern zu begleiten, um mehr Geld zu verdienen, von welchem er für Risiki Silberschmuck, vielleicht sogar eine Sklavin kaufen wollte. Die hübsche Zanzibaritin war für ihn ein Luxusgegenstand, und er hielt es für ganz in der Ordnung, daß sie als einzige Arbeit Uzuri, die „Schönheit", betrachtete.

Die Propheten haben Unrecht bekommen. Baraka war der demütige Sklave seiner Gebieterin.

Dennoch wollte mir die Sache nicht gefallen. Denn natürlich verdrehte Risiki den sämtlichen ländlichen Jünglingen der Umgegend den Kopf. Wer konnte nun dafür stehen, daß sie zu der Putzsucht und den Sitten Zanzibars nicht auch den lockeren Sinn der leichtlebigen ostafrikanischen Großstadt besaß? War es nicht denkbar, daß sie, wenn auch nur aus reiner Langeweile, eines Tages auf Abwege geraten konnte?

Dann kann es Risiki geschehen, daß sie ihren sanften Baraka von einer Seite kennen lernt, die sie an ihm gar nicht geahnt hat. Ich kenne Baraka vielleicht besser als sie, ich sah ihn mehr als einmal im stärksten Kugel- oder Pfeilregen allen voran mit wildem Gebrüll auf den Gegner stürmen. Sein halb geöffneter Rachen mit den spitzen Zähnen bekam dann etwas raubtierartiges, die Tünche von Halbkultur war abgestreift, er war wieder der rasende, wilde Kannibale, der in blinder Wut alles niedermacht. Möge die reizende Risiki nie in die Lage kommen, ihren Baraka so kennen zu lernen, sonst könnte sie so leicht niemand, nicht einmal ihr Vater, einer der größten, ja der größte Kapitän der Welt, vor seinem Zorn schützen.

Die weisse Sklavin.

Le roi s'amuse. Se. Hoheit der Sultan von Zanzibar hatte beschlossen, einige Zeit von den Regierungsgeschäften auszuruhen und in seinem Lustschlosse Chukwani die Freuden des Landlebens zu genießen. Nur der engste Familienkreis, der sich bequem in etwa zwanzig Wagen befördern ließ, sollte daran teilnehmen, und es galt daher, unter den Damen des Harems eine sorgfältige Auswahl zu treffen. Geleitet von humanen Principien, eröffnete Se. Hoheit den älteren Damen, daß er nicht daran denke, ihre wohlverdiente Ruhe im Palaste zu stören, und sich bei seinem Ausfluge mit der Gesellschaft einiger jüngerer Odalisken begnügen werde. Doch wie so oft in der Welt, so wurde auch hier die Absicht des edlen Herrschers verkannt: die reiferen Schönheiten stimmten ein Schmerzgeheul an und behaupteten, die Gunst ihres Gebieters verloren zu haben. So blieb diesem denn nichts anderes übrig, als aus ihren Reihen jene auszuwählen, die durch hohe Geburt oder große Verdienste sich auszeichneten, und sie in sein Gefolge nach Chukwani aufzunehmen. Nachdem diese internen Fragen mit Hilfe des Ober-Eunuchen endlich befriedigend gelöst waren, konnte Se. Hoheit dem Premier-Minister und Generalissimus der Armee den Auftrag geben, alles für seine Abfahrt bereit zu machen. Solche Reisen des Sultans vorzubereiten, gehörte zu den wichtigsten und schwierigsten Aufgaben dieses ausgezeichneten Staatsmannes. Denn natürlich dachte der orientalische Herrscher nicht daran, den Anblick seiner Favoritinnen den nicht immer bloß respektvollen Blicken seiner Unterthanen bei Tageslicht zu gönnen. Die Fahrt wurde bei Dunkelheit angetreten. Da jedoch der Sultan, obgleich er selbst einen elektrisch erleuchteten Palast bewohnte, noch nicht Zeit gefunden hatte, sich um die Straßenbeleuchtung seiner Residenz eingehender zu bekümmern, so war die Zahl der Laternen eine spärliche. Da wurde denn die Armee mobilisiert und bildete in der imposanten Zahl von circa vierhundert Streitern Spalier. Jeder Mann hielt in der rechten Hand das Gewehr, in der linken ein Lämpchen, durch dessen Schein die Beleuchtung der Straße bedeutend feenhafter wurde. Mancher der braven Krieger trug auch mit bescheidenem Stolz die Rettungsmedaille auf der Brust, die nach der Schlacht bei Takaungu, wo es gegen aufständische Araber ging, jenen Streitern verliehen worden war, die durch vorzüglichen Schnelllauf ihr eigenes Leben gerettet hatten. Die braven Soldaten achteten strenge darauf, daß kein Farbiger, Araber, Inder oder Neger, die Straße betrat, ja selbst an den Fenstern durften sich diese nicht zeigen, ohne sofort verjagt zu werden. Die Europäer ähnlich zu behandeln, hinderte aber der Respekt vor der weißen Rasse, und so konnten denn auch zwei deutsche Kaufleute ganz ungestört aus dem Fenster eines an der Hauptstraße liegenden Hauses heraussehen und den Sultan erwarten.

Wagengerassel und hochaufwirbelnder Staub verrieten dessen Ankunft. Voran sprengte ein halbes Dutzend arabischer Reiter mit Fackeln und roten flatternden Mänteln, dann kam die goldstrotzende Gala-Equipage des Sultans, in der er allein thronte. Ihr folgten in langem Zuge die Haremsdamen. Erst, in prächtigen Wagen mit feurigem Gespanne dahinsausend, die dicht verschleierten, dunkel gekleideten, älteren Matronen, die auf so flotte Beförderung Anspruch hatten. Je länger der Zug sich ausdehnte, desto einfacher wurden die Wagen, desto schlechter das Gespann und desto — jünger die Insassinnen. Im flackernden Lichte der Lampen leuchteten durch die graue Staubwolke bunte seidene Gewänder, blitzte Gold- und Silberschmuck und tönte das heitere Lachen der armen Haremsgefangenen, für die selbst eine nächtliche Spazierfahrt ein seltenes Vergnügen war. Endlich kam der letzte Wagen, ein altes wackeliges Fahrzeug, mit einem einzigen müden Gaul bespannt, der an dem Hause der beiden Deutschen vorüberkeuchen wollte. Da riß etwas am Zaumzeug, und der indische Kutscher mußte anhalten und den Schaden verbessern. Die beiden Damen in dem Wagen, eine blutjunge Türkin und eine zierliche hellbraune Abyssinierin, schienen über diesen Zwischenfall keineswegs erzürnt. Sie beantworteten heiter die Scherzworte, die ihnen die Europäer vom Fenster zuriefen, und wollten sich zu Tode lachen, als einer von diesen eine Flasche Kölnerwasser über ihre Köpfe ausgoß. Als das Gefährt sich eben wieder in Bewegung setzte, nahm die Abyssinierin eine Rose aus ihrem Haar und schleuderte sie geschickt in das Fenster. Fort rasselte der Wagen, um rasch mit den beiden Schönen gleich einem Märchenbilde in der dichten Staubwolke zu versinken. Nichts blieb zurück als die leere Straße und die tapferen Soldaten mit ihrer Rettungsmedaille, ihrem Gewehr und ihren Lämpchen.

Die beiden Deutschen kehrten auf ihren gewöhnlichen Ruhesitz, das flache Dach des Hauses, zurück und streckten sich auf die bequemen Tropenstühle, während ein diensteifriger Neger für kühle Getränke sorgte. Es war eine jener herrlichen Nächte, wie sie nur die Tropen kennen, der Himmel erglänzte in märchenhafter Sternenpracht, und eine sanfte

Brise strich über das Dach des alten Araberhauses. Vom Garten herauf tönte das gellende Zirpen der Cikaden, und ferne aus dem Negerviertel erscholl zum Klange einer Trommel der weiche Gesang schwarzer Tänzerinnen.

„Das war wenigstens ein Bild aus dem Orient", sagte der Jüngere der beiden Kaufleute, „ein kleiner Ausschnitt aus „Tausend und eine Nacht", was wir eben erlebt. Wie selten ist dies hier! Ich habe, offen gesagt, als ich die Heimat verließ, etwas mehr Romantik in Zanzibar erwartet."

„Und doch ist hier das seltsamste Abenteuer passiert, und doch hat ein deutscher Kaufmann eine arabische Prinzessin, die leibliche Schwester des regierenden Sultans, entführt und zu einer so biederen Hamburger Hausfrau gemacht, als man sich nur immer vorstellen kann."

„Das war vor dreißig Jahren. Ich will gerade nicht behaupten, daß die Araberinnen seither spröder geworden. Aber die Europäer haben sich verändert, seit Kolonial-Politik und Goldfelder in Süd-Afrika allerlei zweifelhafte Elemente ins Land führten. Da mögen die braunen Schönen denn wohl traurige Erfahrungen gemacht haben. Nein, mit der Romantik in Zanzibar ist es zu Ende, oder haben Sie, der Sie ja schon lange genug hier sind, dort jemals etwas Romantisches erlebt?"

„Ich weiß nicht, ob ich diese Frage unbedingt verneinen kann," meinte der ältere Kaufmann, „denn ich habe vor Jahren allerdings ein kleines orientalisches Abenteuer mitgemacht. Uebermäßig romantisch war es freilich nicht und auch die Rolle, die ich dabei spielte, gerade keine glänzende, aber in Ermangelung von etwas besserem mögen Sie die Geschichte hören, wenn es Ihnen Spaß macht.

Es ist, wie gesagt, schon einige Jahre her, ich war gerade unserer Handelsfirma als junger Gehilfe beigetreten, hatte eben genug von der Swahili-Sprache erlernt, um mich nützlich machen zu können, und wurde von meinem Chef zu allerlei Arbeiten verwendet. So waren wir gerade dabei, das Haus zu beziehen, das unsere Firma heute noch bewohnt, und ich wurde beauftragt, dessen Reinigung zu beaufsichtigen. Vorher hatte ein Araber darin gewohnt, und Sie wissen ja, wie sehr diese Leute es verstehen, selbst ganz nette Häuser in wahre Augias-Ställe zu verwandeln. Bei dem ersten Anblick verzweifelt man förmlich daran, aus diesen Schmutzhöhlen jemals wieder menschliche Wohnungen machen zu können. Aber es geht leichter als man denkt; mit Hilfe von Maurern, Anstreichern und Tischlern ist man bald der Schmutzkruste Herr geworden, und die räucherig schwarzen Höhlen verwandeln sich in ganz wohnliche Räume. Bei einem Rundgange entdeckte ich im Obergeschoß ein Zimmer, das deshalb nahezu wertlos war, weil es gar kein Fenster hatte. Ich rief sofort den Maurer und fragte ihn, ob man dem hier nicht abhelfen könne. Er meinte, daß die einzige freie Wand nach dem Hofraume eines Arabers führe, der das Anbringen von Fenstern möglicherweise als Eingriff in seine Haremsrechte ansehen würde. Zum Glücke hatten wir einen Mietskontrakt, der uns die Vornahme baulicher Veränderungen jeder Art gestattete: von einer Klausel, daß gegen den Hof des Arabers keine Fenster angebracht werden dürften, war nichts darin zu lesen. Außerdem hatte ich meine Gründe, anzunehmen, daß der Araber keine besonderen Schwierigkeiten machen werde. Unser Nachbar war mir nämlich als ein origineller Kauz bekannt, der es jedenfalls nicht nötig hatte, Fanatismus zu zeigen. Denn weder die Gebote Mohammeds, noch die eifrigen Bemühungen der Großmächte, die Branntweinpest von den Völkern Afrikas fernzuhalten, hatten ihn veranlassen können, seiner Neigung zu geistigen Getränken zu entsagen. Ich habe den guten Mann nie nüchtern gesehen. Mit Bedauern muß ich zugestehen, daß ihm ein Europäer diese sinnlose Liebe zur Schnapsflasche beigebracht. Als unser Mohammed — so hieß er nämlich — sich als kleiner Araberjunge in der Stadt herumtrieb, fand er die Zuneigung eines alten irischen Kneipenwirtes, der damals den Matrosen seinen gräßlichen Fusel verzapfte und inzwischen längst am Delirium verstorben ist. Dieser flößte dem braunen Jungen die Neigung zu dem Einzigen ein, was ihm selbst Genuß schien: zum Schnaps. Er fand einen nur zu gelehrigen Schüler; mit den Jahren wuchs die Trunksucht Mohammeds, und heute konnte man ihn schon in der Morgenstunde toll betrunken mit heiserer Stimme englische Matrosenlieder brüllen hören. Daß dieser Mann sich sehr ablehnend gegen Europäer verhalten werde, schien nicht wahrscheinlich. Ich schickte also einen Boten zu ihm und ließ ihn ersuchen, seine Leute aus dem Hofraume wegzurufen, da wir Fenster durchbrechen wollten und dabei leicht jemand durch fallende Steine zu Schaden kommen könnte. Aber ich hatte ohne die Mutter des Arabers, eine fanatische Megäre, gerechnet. Der Bote kam ganz entsetzt zurück und berichtete, daß der Araber die Sache zwar sehr gleichgiltig aufgenommen, seine Mutter aber gleich einer Wildkatze auf den Boten losgefahren sei und erklärt habe, daß sie so etwas nie und nimmer dulden werde.

Es ist in solchen Fällen im Orient immer gut, vollendete Thatsachen zu schaffen, und ich gab daher den Befehl, sofort mit dem Durchbrechen der Fenster zu beginnen. Ein stämmiger Neger ergriff das Brecheisen, dröhnend fielen seine Schläge gegen die Mauer, und bald kollerten die ersten Bruchsteine in den Hofraum, eine Bresche freilegend. Ich eilte neugierig, wenn auch mit einer gewissen Vorsicht hin: mußte ich doch befürchten, von der erbosten Mama harte Gegen-

Die weisse Sklavin Zaïna.

stände an den Kopf zu bekommen. Aber wie groß war mein Erstaunen, als ich durch den gelben Kalkstaub an der jenseitigen Brüstung ein vollkommen weißes Weib erblickte. Die junge Schöne trug die gewöhnliche Tracht der Swahili-Weiber, die Schultern und Arme frei ließ, hatte ihren Kopf anmutig in die Hand gestützt und sah mit ihren blauen Augen munter zu uns herauf: die Sache machte ihr offenbar riesigen Spaß. Ich war vollkommen verblüfft. Es war also keine Fabel, es gab also wirklich weiße Frauen, Europäerinnen, die ihr Dasein als Sklavinnen in den Harems untergeordneter Araber vertrauerten! Während ich die Fremde noch anstarrte, hatte auch schon eine braune knochige Hand sie an der Schulter erfaßt und in ein Zimmer geschoben. Es war die Araberin, die merkte, daß wir mit unsern Arbeiten Ernst machten und nun mit gellender Stimme ihren Sohn rief: „Auf, Mohammed, mein Sohn, nimm dein Schwert, deinen Dolch, dein Gewehr und hilf dein Haus gegen die Ungläubigen verteidigen!" Ein unwilliges Grunzen aus den Innenräumen war die Antwort, doch endlich ließ sich Mohammed bewegen und kam. Da stand der arme Teufel an der Brüstung, ein schwarzer Bart umrahmte sein totenbleiches, eingefallenes Gesicht mit den glasigen Augen, sein Turban war schief gewickelt, in der zitternden Hand hielt er ein altes Schwert, das seine Mutter ihm aufgenötigt. Er war wieder stark angeheitert.

„Aber, Mutter", lallte er, „was ist denn eigentlich los? Kann man denn nicht einmal mehr seinen Morgenschnaps in Ruhe genießen?"

„Mein Sohn, siehst du denn nicht, daß die Ungläubigen Fenster brechen, nur um deinen Frauen, deinen Sklavinnen nachstellen zu können? Hast du denn jedes Schamgefühl verloren, ist es nicht genug, daß du den Kafirs deine Seele geopfert, mußt du ihnen auch noch deine Weiber preisgeben?"

„Ach was,“ brummte Mohammed, „die Herren da drüben haben anderes zu thun, als nach den Weibern zu gucken, und wenn es doch einmal geschieht, so ist mir dies furchtbar gleichgiltig und noch lange kein Grund, den Morgenschnaps zu versäumen.“

Sprach's und zog sich wieder zurück, während seine Mutter händeringend zusah, wie die Arbeiten an den Fenstern immer weiter vorschritten.

In den nächsten Tagen ereignete es sich, daß ich von meinem Chef wegen hohen Eifers belobt wurde. Ich war nämlich aus dem neuen Hause kaum fortzubringen, und selbst in den Stunden, wo dort nicht gearbeitet wurde, irrte ich in den leeren Räumen herum. Am meisten hielt ich mich in dem Zimmer auf, wo die Fenster hergerichtet wurden, und — lugte vorsichtig nach der weißen Schönheit aus. Anfangs bekam ich sie selten zu sehen: man war drüben mißtrauisch. Aber als man merkte oder zu merken glaubte, daß sich niemand um die Weiber kümmere, nahm alles wieder seinen alten Gang. Ich sah nun die weiße Zaïna, so lautete nämlich ihr Name, oft genug und glaubte zu erkennen, daß ihr die neue Bekanntschaft keineswegs unangenehm sei. Sie legte reichere Kleidung von schönen Seidenstoffen an, trug glänzenden Silberschmuck und schmückte ihr Haar mit Rosen. Sie nahm auch kleine Geschenke, die ich ihr durch ein Kind zuschickte, gern an und erwiderte sie mit Blumen und süßer arabischer Bäckerei.

Die Herrichtung des Hauses war inzwischen vollendet, und ich sorgte dafür, daß mir das bewußte Zimmer mit den neuen Fenstern als Wohnort angewiesen wurde. Nun hielt ich es an der Zeit, meine Bekanntschaft mit Zaïna zu einer intimeren zu gestalten. Dazu war eine Mittelsperson unbedingt notwendig, denn natürlich konnte die Schöne weder lesen noch schreiben, und billets doux kamen nicht in Frage. Zu dieser Rolle hatte ich unsere Wasserträgerin auserlesen, die im ganzen Hause unter dem Namen „das Affenweibchen“ bekannt war. Es war eine alte, verschrumpfte, spindeldürre Negerin mit einem Gesicht, das dem boshaften Gerücht eine gewisse Wahrscheinlichkeit gab, ihre Mutter habe mit einem Gorilla unerlaubten Umgang gepflogen. Für gewöhnlich wußte das Affenweibchen seinem Gesichte einen unglaublich stupiden Ausdruck zu geben. Sobald man aber etwas erwähnte, das ihre Aufmerksamkeit erregte, so leuchteten ihre Augen auf, und man merkte bald, daß sie keineswegs dumm sei. Sie trug viel zur Erheiterung unseres oft recht eintönigen Lebens bei, nicht nur durch ihre unglaublichen Grimassen und ihre trockenen, oft sehr witzigen Bemerkungen, sondern auch durch förmliche mimische Darstellungen. Ihre Glanznummer war der berühmte „danse du ventre“, wobei sie sich auf einen Teppich stellte, die Augen schmachtend zum Himmel erhob, mit den spindeldürren, langen Armen plastische Bewegungen machte und dabei die Hüften mit wahrhaft beängstigender Gewandtheit im Kreise herumsausen ließ — eine köstliche Parodie auf die gezierten, arabischen Tänzerinnen. Diese Heldin hatte ich ausersehen, und sie erklärte sich sofort bereit, die gewünschte Aufgabe zu übernehmen — natürlich gegen ein genau vereinbartes Backschisch. Ihr dümmstes Gesicht anlegend, drang sie unter irgend einem Vorwande in das Haus des Arabers ein, wo niemand auf das anscheinend halb blödsinnige Weib achtete. Rasch hatte sie sich mit Zaïna verständigt und brachte mir die Botschaft, daß diese mich abends mit ihrem Besuche beehren werde. Der einzuschlagende Weg sollte der in Zanzibar bei solchen Abenteuern übliche, nämlich über die flachen Dächer, sein. Da das unsere höher war, so bedurften wir einer Leiter. Ausgerüstet mit diesem

Gerät, stiegen wir — mein schwarzer Diener, das Affenweibchen und ich — bei Einbruch der Dunkelheit auf das Dach und warteten. Da erschien drüben eine dunkle Gestalt, und wir ließen vorsichtig unsere Leiter hinab. Es war die umgekehrte Fensterscene aus „Romeo und Julie", als die Schöne mit knisternden Seidenkleidern und leise klingendem Silberschmucke etwas ängstlich heraufzuklettern begann. Desto weniger scheu benahm sie sich aber, oben angelangt. Sie warf sich sehr ungeniert auf den Divan meines Zimmers, trank Sherbet und brannte ein Dutzend Cigarretten an, die sie alle, kaum angeraucht, auf den Teppich schleuderte. Dann begann sie sich im Zimmer umzusehen. Im Nu hatte sie eine Lampe umgeworfen, eine Aschenschale zerbrochen und begann dann stillvergnügt das „Handbuch für junge Kaufleute" in Stücke zu reißen. Mit einem Worte, sie war reizend oder erschien mir doch als das Urbild der Naivität und kindlichen Unschuld. Alles erregte ihre Aufmerksamkeit, und alles, vom Spucknapf bis zum Abreißkalender, wollte sie haben. Dann begann sie von ihrer Heimat zu erzählen, die sich angeblich bei Damaskus befand, wo ihr Vater, dessen ellenlangen Namen sie mit Stolz zitierte, ein mächtiger Shech sei. Diese Würde konnte sein Kind jedenfalls nicht davor schützen, auf den Sklavenmarkt nach Mekka gebracht zu werden, wo die Mutter Mohammeds das hübsche Türkenkind kaufte und nach Zanzibar brachte. Zaïna wurde hier vollkommen heimisch und sprach keine andere Sprache als Kiswahili. Auf ihren Gebieter Mohammed war sie nicht gut zu sprechen.

„Der Kerl", meinte sie, „ist ja immer betrunken, kümmert sich weder um mich noch um seine andern Kebsweiber, ja nicht einmal um seine legitime Frau, eine braune Halbaraberin. Höchstens züchtigt er eine oder die andere zeitweise aufs grausamste und schützt uns auch nicht gegen die Mißhandlungen seiner Mutter."

Zum Beweise zeigte Zaïna zahlreiche blutige Striemen auf dem Rücken; Mohammed und seine Sippe erschienen mir natürlich als Scheusale, und ich kam mir in der Rolle des Beschützers ungemein edel vor. Die Erinnerung an erduldete Hiebe war es wohl auch, die Zaïna bei diesem ersten Besuche etwas ängstlich machte; stets horchte sie auf jeden Laut im Araberhause, und als sie endlich glaubte, ihren Namen rufen zu hören, entsprang sie eilig über die Dächer, mit dem Versprechen, morgen wiederzukehren.

Der nächste Abend war kühl und regnerisch, so daß ich mit gemischten Gefühlen auf dem Dach wartete. Dazu war Mohammed diesmal besonders sangesfroh, sein Geheul wollte gar kein Ende nehmen; meine beiden Trabanten zitterten schon vor Kälte, und mir war auch nicht sehr behaglich zumute. Endlich verstummte Mohammed, die dunkle Gestalt erschien, und wir hoben eben unsere Leiter, als aus dem Hintergrunde ein gellendes Geschrei ertönte: „Ngazi, ngazi, (eine Leiter! eine Leiter!), Räuber! Mörder! Diebe! Auf! Mohammed, mein Sohn, auf! Ali, Hassan, Hamisi und ihr andern, auf! und bewaffnet euch, denn die Ungläubigen wollen mit Leitern in unser friedliches Haus eindringen!"

Gleich bei den ersten Lauten verschwand die dunkle Gestalt Zaïnas, und wir suchten uns möglichst unsichtbar zu machen, während ich alle Mühe hatte, das Affenweibchen zu beruhigen, das vor Lachen zerspringen wollte. Drüben ging aber ein wahrer Höllenlärm los. Treppauf, treppab trampelte es, Weibergekreisch erscholl, und eine Horde halbnackter Sklavenbengel sprang mit Knütteln und allerlei Mordgeräten auf die Plattform. Auch Mohammed kam mit einer Lampe, und die ganze Gesellschaft harrte des Angriffes der „Ungläubigen". Als aber alles totenstille blieb, meinte Mohammed, seine Mutter müsse geträumt haben, und zog wieder ab.

Wir gaben uns nun der Hoffnung hin, daß man drüben den Zusammenhang Zaïnas mit diesen Vorfällen nicht bemerkt habe. Aber darin sollten wir uns doch getäuscht haben. Als ich am nächsten Morgen nach der weißen Schönen ausguckte, war sie nicht sichtbar, und das Affenweibchen hatte bald ausgekundschaftet, daß man sie noch in derselben Nacht auf einen Esel gepackt und nach einer entlegenen Gewürznelkenpflanzung entführt habe, wo sie in strenger Haft gehalten werde. Groß war natürlich meine, des edlen Beschützers, Entrüstung, und ich beschloß sofort, der verfolgten Unschuld beizustehen. Das war aber nicht so leicht. Vor allem hieß es, die Pflanzung auszukundschaften, wo sie sich befand, denn Mohammed und seine Sippe besaßen mehrere Farmen in den verschiedensten Teilen der Insel. Ich mietete dazu Spione, ziemlich anrüchige Gesellen, die den rechten Ort auskundschaften und Zaïna die Möglichkeit zur Flucht vermitteln sollten. Nach einiger Zeit kehrten die Spione zurück, erklärten, den Ort gefunden zu haben, doch sei die Flucht gegenwärtig unmöglich. Zaïna werde in harter Gefangenschaft gehalten und brauche vor allem Geld. Mit neuen Mitteln zogen die Spione wieder los, um nach einiger Zeit die gleiche Komödie zu wiederholen. Wochen vergingen, ohne daß irgend ein Ergebnis erzielt ward. Endlich beschloß ich, die Angelegenheit einem Manne zu übergeben, der in unserer Firma eine Art Faktotum war. Er hieß Jakuti und wurde hauptsächlich mit schwierigen Produkteneinkäufen betraut. Erhielt Jakuti einen solchen Auftrag, so antwortete er entweder: „Inshallah" (Wenn Gott will) und dann konnte man ziemlich sicher sein, daß „Gott wollen" und die Sache gelingen werde, oder er antwortete: „Haifai" (Es geht nicht), dann war die Sache so gut wie abgethan, denn Jakuti übernahm sie auf keinen Fall, und mehrfache Versuche hatten erwiesen, daß auch andere Sendlinge keinen Erfolg erzielten.

Ich, als jüngster Angestellter, stand zu diesem weit älteren intelligenten Neger in einem gewissermaßen kameradschaftlichen Verhältnisse, ohne daß er je den Respekt vor meiner weißen Haut vergessen hätte. Wir hatten oft gemeinsam Packarbeiten im Hofe zu beaufsichtigen. Eines Tages, als wir wieder ziemlich gelangweilt zusahen, wie einige Weiber Ochsenhäute zum Versandt herrichteten, erzählte ich Jakuti mein kleines Abenteuer und fragte ihn, ob er nicht Lust hätte, mir beizustehen. Jakuti zog sein Gesicht in bedenkliche Falten, und ich erwartete schon das gefürchtete „Haifai" zu hören, als er, allerdings etwas zögernd, sagte: „Inshallah!" Nun war die Sache in guten Händen. Vor allem mußte ich Jakuti meine bisherigen Schritte berichten, und er ließ durch einige Zeit meine „Spione" überwachen. Dabei stellte sich heraus, daß diese sehr gemütlich im Negerviertel saßen, gar nicht daran dachten, zu spionieren, und nur von Zeit zu Zeit ihre Verstecke verließen, um bei mir Geld zu holen. Nun schickte Jakuti verläßlichere Sendlinge aus, die aber auch nicht viel Erfolg hatten, da alle Fluchtversuche an der strengen Ueberwachung, wohl auch an der Aengstlichkeit Zaïnas scheiterten. Das einzige, was erreicht wurde, war, daß die Araber ihre Vorsicht verdoppelten, Zaïna fortwährend ihren Aufenthalt wechseln ließen, sie in allerlei dumpfigen Landhäusern versteckten und sogar Männertracht tragen ließen. Für einen Fremden war da nichts mehr zu machen, und Hilfe konnte nur von einem vollkommen eingeweihten Diener der Araber kommen. Thatsächlich teilte mir Jakuti nach einiger Zeit mit, daß es ihm gelungen, einen alten Sklaven zu gewinnen, der bereit sei, uns den Aufenthaltsort Zaïnas zu verraten, doch meinte er, daß eine Flucht vollkommen ausgeschlossen sei und nur eine gewaltsame Entführung zum Ziele führen könne.

„Dann," sagte ich, „ist die Sache überhaupt unmöglich, denn wir würden uns ja durch Anwendung von Gewalt einen höchst peinlichen Prozeß an den Hals jagen."

„Ja, aber wir wenden ja eigentlich gar keine Gewalt an, da Zaïna freiwillig gehen würde."

„Das ist richtig, doch würde sich ihre Umgebung jedenfalls dem widersetzen, und wir dürfen ja nicht einmal in das Haus eines Arabers ohne dessen Willen eindringen."

„Hm," brummte Jakuti, „das stimmt, aber die Soldaten des Sultans, die dürfen doch, ohne den Hausherrn zu fragen, in ein Haus eindringen und jemanden verhaften?"

„Freilich," erwiderte ich, etwas ungehalten über diese anscheinend sehr müßige Frage, „aber was nützt das uns?"

„Herr, die Polizeisoldaten des Sultans sind sehr brave, tapfere Leute; mancher von ihnen hat sogar die Rettungsmedaille. Aber unser Herr, der Sultan, hat viele Kostgänger, warum sollte er gerade die Soldaten gut bezahlen? Auch hat der hohe Herr viel zu denken; ist es da verwunderlich, wenn er manchmal ganz vergißt, ihnen den Sold zu verabreichen? Die braven Leute sind also recht arm; sie haben sogar manchmal, wie du bemerkt haben wirst, zerrissene Hosen. Solch ein Soldat mit zerrissenen Hosen hat nun keine heißere Sehnsucht, als die nach einem Backschisch, einem recht reichlichen Trinkgeld, und ich kenne Leute, die dafür ganz andere Dinge besorgen würden, als ein Mädchen aus einem Landhause zu holen."

Ich mußte unwillkürlich auflachen. Eine Entführung aus dem Serail, ausgeführt durch die Ortspolizei: das war jedenfalls neu und eigenartig. Ich zögerte nicht, zu diesem kühnen Plane meine Einwilligung zu geben. Es dauerte auch gar nicht lange, so konnte Jakuti mir melden, daß die erforderliche Zahl biederer Soldaten gewonnen sei. Der Andrang zu dieser Mission sei ganz ungeheuer gewesen, so daß er Mühe hatte, die Bewerber abzuweisen.

Ein Tag wurde bestimmt, an dem es „losgehen" sollte. Zu meinem geringen Vergnügen bestand Jakuti darauf, daß ich mich selbst an dem Unternehmen beteilige, da es sonst, wie er meinte, nicht gut ausgehen werde. An dem betreffenden Abend verließ ich also das Haus, um mich nach dem Zusammenkunftsorte, einer entlegenen Hütte im Negerviertel, zu begeben. Um der „Gegenspionage", die jedenfalls selbst bei unserer Dienerschaft vertreten war, keinen Anhalt zu geben, mußte ich in gewöhnlicher Kleidung, mit leichten Schuhen abziehen, die für eine Buschwanderung ins Innere Zanzibars die denkbar ungeeignetsten waren. Bei der Hütte traf ich Jakuti und eine Anzahl verlumpter, sehr verdächtig aussehender Burschen, deren Jeder einen Pack unter dem Arme trug. Diese wurden mir als die Herren Soldaten vorgestellt, die es jedoch vorzogen, das Weichbild der Stadt „in Zivil" zu verlassen und die Uniform erst anzulegen, wenn es notwendig war. Wir folgten zunächst der großen Straße, die quer durch die Insel führt, und bogen dann auf einen Feldweg ein, bis wir eine Gruppe von drei Areka-Palmen erreichten, wo nach Aussage Jakutis der Führer uns erwarten sollte. Doch war von ihm nichts zu sehen. Der anfangs klare Himmel hatte sich inzwischen umzogen, es wurde stockfinster, und ein leichter Regen rieselte herab. Niedersetzen konnte man sich nicht, denn der Boden wimmelte von bissigen schwarzen Ameisen, also mußte stehend ausgehalten werden. Als ich schon anfing, alle Wegweiser, Spione, weiße Odalisken und meine eigene Thorheit zu verwünschen, tauchte, wie aus den Wolken gefallen, eine schwarze Gestalt auf. Es war der erwartete

Führer, der splitternackt, nur ein schmales Tüchlein um die Lenden und ein anderes über das Gesicht trug, denn ein Neger, der nachts auf bedenklichen Pfaden wandelt, pflegt nackt zu gehen, weil er so am wenigsten sichtbar wird. Eine Taschenuhr hatte der Mann nicht bei sich und damit entschuldigte er sein verspätetes Eintreffen.

Nun begann eine tolle Wanderung durch Dick und Dünn. Bald ging es auf kaum merkbarem Negerpfad durch mannshohes, triefend nasses Gras, bald durch pechfinstere Nelkenpflanzungen, wo man jeden Augenblick an einen beinharten Stamm anrannte, bald über Sturzäcker, in deren Lehm man versank und vom Kopf bis zum Fuß braunrot bespritzt wurde. Wir wateten durch Bäche oder anscheinend zehnmal durch denselben Bach, und die Sache fing schon an ungemütlich zu werden, als wir eine offene Stelle erreichten und der Führer erklärte, daß es nun für die Soldaten an der Zeit sei, ihre Uniformen anzulegen. Bald hatten sich die zerlumpten Banditen in stattliche Krieger verwandelt und der Führer wies uns ein größeres Lehmhaus, wo Zaïna gefangen gehalten werde. Gleich darauf verschwand er, und auch Jakuti und ich zogen uns in den tiefen Schatten eines Mangobaumes zurück, es den Soldaten überlassend, ihre Aufgabe zu lösen. Ich erwartete nun, daß diese einfach an die Thür klopfen und sagen würden: „Im Namen des Sultans, aufgemacht!" Doch dachten sie nicht daran. Erst berieten sie leise unter sich, wer von ihnen die „sanfteste" Stimme habe, und als dieser gefunden war, ging er zur Thür und klopfte ganz bescheiden an. Es dauerte eine ganze Weile, bevor von drinnen eine brummige Stimme um sein Begehr fragte.

„Lieber Freund, gieb mir Feuer, mir ist meine Cigarette ausgegangen."

„Wie? Was? Feuer um zwei Uhr nachts? Du bist wohl toll? Packe dich oder komme morgen früh wieder!“

„Unmöglich! Lieber Freund, du wirst doch mir, einem braven Soldaten des Sultans, kein Feuer abschlagen? Du bist doch kein Feind des Sultans?“

„Ich, Gott bewahre! Allah segne Se. Hoheit, lang lebe der Sultan! Aber bist du denn richtig ein Soldat?“ fragte der Hausbewohner mißtrauisch, und man hörte, wie er den Balken von der Thür entfernte, um durch eine Spalte hinauszulugen. Darauf hatten die Soldaten gewartet, und als die Thür sich nun ein wenig öffnete, schoben sie bereit gehaltene Knüttel in den Spalt und rissen sie vollends auf. Der Haussklave begann sofort rasend um Hilfe zu schreien, eine laute Stimme aus einer der benachbarten Sklavenhütten antwortete ihm, und ein langer Kerl in einem weißen Hemd kam, eine Stange schwingend, herbeigeeilt. Mir wurde ziemlich ungemütlich zu Mute, da ich natürlich jeden Skandal vermieden sehen wollte und nun glaubte, Mord und Totschlag befürchten zu müssen. Da machte mich Jakuti lachend darauf aufmerksam, daß dieser Helfer niemand anderer sei, als unser Führer. Dieser Judas, der auf derselben Pflanzung wohnte, hatte sich, nachdem er uns glücklich hergebracht, schleunigst nach Hause begeben, hatte Kleider angelegt und war bei dem ersten Hilferuf seiner Genossen herbeigeeilt. Dadurch entging er nicht nur jedem Verdacht, sondern konnte uns auch wesentlich nützen, indem er dem Haussklaven rasch begreiflich machte, daß gegen Soldaten des Sultans nichts zu machen sei. Ungestört begannen diese das Haus zu durchstöbern, Gewimmer von Weibern erscholl, die ihre letzte Stunde gekommen glaubten, und bald erschien Zaïna, ebenfalls jammernd, auf der Bildfläche. Sie beruhigte sich sofort, als sie mich erkannte und den Zusammenhang erriet, und wir machten uns vergnügt auf den Heimweg. Die Soldaten legten ihre Uniformen wieder ab, erschienen in lumpigem Zivil und verloren sich dann in alle Winde. Noch vor Tagesanbruch langte ich, von oben bis unten mit Lehm bespritzt, aber froh über den gelungenen Streich, zu Hause an.

Zaïna wurde im Oberstock untergebracht. Ueber die Folgen dieses Abenteuers machte ich mir keine Sorgen, und die Zukunft ließ mich darin Recht behalten. Mohammed und sein Anhang wurden natürlich sofort von der Entführung Zaïnas benachrichtigt. Aber sie hörten zugleich, daß diese von Polizeisoldaten mitgeführt worden sei, und fürchteten eine geheime Verbindung des Oberherrn mit dieser Angelegenheit. Sie schwiegen dazu still, um so mehr als Mohammed bei Hofe höchst unbeliebt war. Dem Polizeimeister des Sultans traue ich so viel Scharfsinn zu, daß er von dem Vorfall Wind bekam und wohl auch den eigentlichen Zusammenhang ahnte. Aber er hütete sich wohl, Lärm zu schlagen und dadurch die Korruption seiner eigenen Truppe an die große Glocke zu hängen. Mein Chef, überhaupt kein Spielverderber, bemerkte zwar mit Staunen die Anwesenheit einer rätselhaften, weißen Schönheit im Oberstock. Aber er verlor darüber kein Wort, und wir blieben gänzlich ungestört. Die nächsten Tage will ich mit Stillschweigen übergehen; nur soviel sei erwähnt, daß ich die verwegensten Gedanken nährte, Zaïna erziehen lassen und mit nach Europa nehmen wollte u. s. w. Aber die Flitterwochen schrumpften zu Flittertagen ein, gar bald machten die üblen Eigenschaften Zaïnas sich allzu sehr bemerkbar. Jeder Vorschlag, sie irgend wie zu beschäftigen, wurde mit Entrüstung zurückgewiesen; unthätig verbrachte sie die Zeit, auf allerlei Unfug sinnend. Vorerst fing ihre Zerstörungswut an unangenehm zu werden: kein Glas, kein Teller war vor ihr sicher. Hatte sie diese an der Wand zerschmettert, so bewarf sie mit den Scherben die Passanten auf der Straße. Bei dem leisesten Verweis zeigte sie, die sonst gar nicht scheu war, anfangs eine wahrhaft hündische Demut und suchte sich durch handgreifliche Lügen und Beschuldigung anderer Leute reinzuwaschen. Sie fürchtete offenbar Schläge, bis sie schließlich merkte, daß man nicht daran denke, sie zu schlagen, daß sie thun könne, was sie wolle, ohne Hiebe zu erhalten. Da wuchs ihre Unbotmäßigkeit ins Maßlose. Die Speisen, die wir Europäer selbst genossen, fanden keine Gnade vor ihren Augen, zornig goß sie nicht selten Suppe und Gemüse auf die Teppiche und Möbel aus. Auch sonst war sie höchst anspruchsvoll und, obwohl ich tief in meine nicht allzu wohl gefüllte Tasche griff, konnte ich ihren Anforderungen an Kleidern und Schmuck nicht annähernd genügen. Sie war einfach unersättlich, woran die Freundinnen nicht wenig Schuld trugen, die schon in den ersten Tagen das Haus zu überlaufen begannen. Nicht eine bessere Swahili-Frau war darunter, nur scheußlich schmierige Negerinnen der niedersten Klasse erfüllten mir das Haus mit ihrem Geschnatter, bespien die Wände mit eklem Betelsafte oder lagen schnarchend in einer Ecke. Diesen schenkte Zaïna freigebig ihre Kleider und ihre Wäsche und beauftragte sie, ihren Silberschmuck gegen allerlei nutzlosen Tand einzutauschen, so daß sie, kaum ausgestattet, immer wieder blank dastand. „Bwana atalipa" (der Herr wird schon zahlen), flüsterten die Negerinnen, jeden Gegenstand von Zaïnas Habe gierig betrachtend. Als Gegengeschenke brachten sie Kokosnüsse, Kürbisse, Yakfrüchte und andere übergroße Tropenprodukte, die niemand begehrte und die modernd in den Stuben herumlagen. Ueberhaupt war es ein Graus, meine früher so behagliche Behausung anzusehen, und die Dienerjungen suchten vergeblich in dieses Chaos Ordnung zu bringen. Aber wehe ihnen, wenn sie nur die leiseste Bemerkung wagten oder sonst mit Zaïna in Konflikt kamen, dann machten sie rasch die Erfahrung, daß die zarte Hand der weißen Schönen auch tüchtig zupuffen konnte, und Zaïna verfiel in förmliche Raserei. Auch sonst häuften sich ihre Wutausbrüche. Es war ihr dann ganz gleichgiltig, wo ich mich aufhielt; bleich vor Zorn kam sie ins Kontor gestürzt, um mit gellender Stimme unter wüsten Schmähungen ihre albernen Klagen vorzubringen. Mein Chef, der im selben Raume arbeitete, war, wie gesagt, kein Spielverderber, aber ich merkte doch, wie er bei solchen Scenen unruhig auf seinem Stuhle hin und her rückte. Dies war mir genug, um eine einschneidende Aenderung zu treffen. Ich mietete Zaïna ein nettes, Eingeborenen gehöriges Haus, quartierte sie dort ein und gab ihr eine Köchin und eine Dienerin, mit denen sie nach Herzenslust wirtschaften konnte. Sie that dies auch nach ihrer Art; unter Beihilfe der Freundinnen verwandelte ihr Wohnhaus sich bald in eine Mistgrube. Auch erhielt ich sehr bald sichere Nachricht, daß Zaïna Männerbesuche empfange. Ich dachte zuerst, daß die feinen Araber und Halbblutleute, die, in seidenweichen Hemden und Lendentüchern herumflanierend, gewissermaßen die Jeunesse dorée Zanzibars bilden, daß diese hier im Trüben fischen wollten. Aber weit gefehlt; ich konnte mich bald überzeugen, daß es die Genossen der Freundinnen, gemeine schmutzige Neger aus der Hefe des Volkes waren, die Gnade vor den Augen der weißen Schönen fanden. Ich erfuhr nun auch von ihrer seltsamen Geschmacksrichtung. Es war ihr ziemlich gleichgiltig, ob ihr Verehrer jung oder alt, schön oder häßlich war; nur schwarz mußte er sein, je schwärzer desto besser.

Ich wollte zuerst meinen Augen nicht trauen, als ich sah, daß ein Weib, das in Aussehen und Haltung völlig einer Europäerin glich, sich moralisch so tief erniedrigte. Aber an

Lautenspieler.

Thatsachen ließ sich nicht rütteln, und die Mitteilungen, die mir über Zaïnas Jugend zu teil wurden, klärten manches auf. Als Kind nach Zanzibar gebracht, war sie zuerst der Liebling ihrer Herrin, der Mutter Mohammeds. Behangen mit Goldschmuck, wie eine kleine Prinzessin, wurde sie von allen verhätschelt. Die Sklavinnen mußten willenlos jeder ihrer Launen gehorchen, und wehe derjenigen, die es wagte, dem herrischen, rechthaberischen Kinde den geringsten Widerstand entgegenzusetzen. Da geschah es, daß ein Töchterchen der Araberin, das nach Zaïnas Ankunft geboren wurde, heranwuchs und ihre Spielgefährtin wurde. Gewohnt, in allem und jedem ihren Willen zu haben, trat Zaïna auch dem freien Araberkinde gegenüber als Herrin auf. Es kam zu Balgereien, wobei das jüngere Araberkind unterlag und heulend bei der Mutter Klage führte. Da erinnerte man sich plötzlich, daß Zaïna eine Sklavin sei, der Goldschmuck wurde ihr abgenommen und zum ersten Male bekam sie die Peitsche zu spüren. Dann wurde sie in die Gesellschaft der schwarzen Sklavinnen verwiesen. Was das zu bedeuten hat, vermag nur der zu ermessen, der Gelegenheit hatte, die Gespräche von Negerinnen der niederen Klasse zu belauschen. Diese drehen sich außer um das tägliche Leben, um Kleidung und Putz, ausschließlich um Gegenstände der gröbsten Sinnlichkeit, der ihre Scherze, Lieder, teilweise auch die Tänze dienen. Man darf deshalb die Neger nicht für unsittlich halten; sie haben eben eine andere Sittlichkeit als wir, die zu ihnen paßt, wie ihre schwarze Hautfarbe, über die wir lachen, von der wir uns aber nicht abgestoßen fühlen. Ein Negerkind gedeiht denn auch bei solcher Kost vortrefflich; es wird eben zu einem echten und rechten Neger, von dem niemand hochmoralische Prinzipien erwartet, den aber sein Hausverstand vor groben Ausschweifungen bewahrt. Anders ein Kind weißer Rasse; ein solches muß, falls es nicht ungewöhnlich veranlagt ist, langsam jeden moralischen Halt, jedes Schamgefühl in solcher Umgebung verlieren. Und Zaïna war nicht ungewöhnlich veranlagt. . . .

Bald stellte sich die Zeit bei ihr ein, wo sie, unter diesem Einflusse heranwachsend, anfing, sich nach männlicher Gesellschaft zu sehnen. Dazu standen ihr nur die Haussklaven zu Gebote. Als solche wählen die Araber Zanzibars in Ermangelung von Eunuchen zur Bewachung ihres Harems die häßlichsten, schwärzesten und abstoßendsten ihrer Sklaven aus; in der Annahme, daß die lichtfarbigen Favoritinnen, auf die es hauptsächlich ankommt, vor der Berührung mit solchen Scheusalen zurückschrecken werden. Dies trifft auch meistens zu, wenn die betreffenden Weiber in reiferem Alter ins Land gekommen sind, nicht aber bei solchen, die wie Zaïna dort herangewachsen sind. Diese hörte so lange von ihrer Umgebung die schwarzen Thürhüter als ganz anziehende, ja begehrenswerte Objekte rühmen, bis sie es selbst glaubte. Die Stunde kam, wo die weiße Nymphe sich den schwarzen Faunen hingab.

An ihrer Lage wurde wenig geändert, als sie Mohammed zum Kebsweib nahm. Dieser Säufer kümmerte sich wenig um sie, nur wenn ihre Vorliebe für schwarze Hautfarbe allzu auffallend wurde, züchtigte er sie aufs härteste durch Peitschen, Einsperren, Hungern und Ketten. Da plötzlich sah sie sich in gänzlich veränderten Verhältnissen, in einer ihr fremden Freiheit. Niemand dachte daran, sie zu prügeln, sondern ihre Umgebung hatte nur den Wunsch, ihr angenehm zu sein. War es da ein Wunder, daß sie von der neuen Freiheit den schlechtesten Gebrauch machte, daß die anerzogenen, nur durch Furcht vor Züchtigung niedergehaltenen Triebe mächtig zum Durchbruch kamen, bis sie gleich einer Mänade mit niedrigstem Sklavenpöbel Orgien feierte! Nicht sie, nicht die weiße Sklavin trifft die Schuld, sondern jene „rechtgläubigen", überfrommen arabischen Männer und Frauen, die täglich so und so oft ihre Stirne vor Allah in den Staub drücken, dabei aber keinen Anstand nehmen, selbst ein Sklavenkind höherer Rasse erst wie ein Spielzeug zu gebrauchen und zu verderben und dann rücksichtslos in den Schlamm zu treten.

Konnte Zaïna noch gerettet werden? Konnte eine strenge planmäßige Erziehung sie wieder auf den rechten Weg bringen? Ich zweifelte daran und fühlte, daß ich jedenfalls nicht berufen sei, dieses pädagogische Kunststück zu vollbringen. Nur soviel war mir klar, daß Zaïna schleunigst fort mußte, daß ich viel darum gegeben hätte, sie auf gute Art los zu sein. Erst dachte ich daran, Zaïna wieder dahin zurückzubringen, von wo sie hergekommen. Ich ließ bei Mohammed und seiner Mutter vorsichtig anfragen, ob sie keine Lust hätten, sie wieder zu sich zu nehmen. Der Bescheid der Araberin lautete dahin, daß ein Weib, das einmal mit Kafirs zusammengelebt habe, ihr Haus nicht mehr betreten dürfe. Mohammeds Antwort wurde mir in drastischer Weise zu Teil.

Ich sah eines Morgens zum Fenster hinaus und blies ziemlich mißmutig den Rauch einer Cigarette in die Luft. Da erschien Mohammed auf dem Vordache des Araberhauses. Er war auffallend nüchtern.

„Ah, da bist du ja, lieber Freund und Nachbar," sagte er lachend, „wie freue ich mich, dich zu sehen! Gott erhalte dich! Aber was höre ich, du willst die Zaïna, mein Kebsweib, die du mit so vieler Mühe erworben, auf einmal nicht mehr haben? Trotz ihrer zarten weißen Haut, ihrer blauen Augen und ihrer sonstigen Schönheiten soll ich sie wieder zurücknehmen?! Nein, lieber Freund, daraus wird nichts. Ich habe mich genug geärgert, als meine Mutter sie so sorgfältig vor dir versteckte, meinethalben hättest du dieses Teufelsweib schon längst haben können. Aber nun behalte sie, mit ihren blauen Augen, ihrer weißen Haut und ihrer ganzen Schönheit, behalte sie und sieh zu, wie du mit ihr fertig wirst!“

Laut lachend verließ der Araber das Vorderdach, und ich gestehe, daß ich mir damals nicht sehr großartig vorkam. Dazu wurde die Angelegenheit immer dringender, denn Zaïnas Streiche fingen schon an, die Aufmerksamkeit des Stadtviertels auf sich zu lenken. So beschloß ich denn, wenn auch mit einer gewissen Beschämung, den Tausendkünstler Jakuti abermals um Hilfe anzurufen. Mit diesem war in letzter Zeit eine Veränderung vorgegangen. Sonst immer guter Laune, schlich er still und trübselig herum. Als wir wieder einmal im Packhofe gemeinsam zu thun hatten, fragte ich ihn, was ihm denn eigentlich fehle.

„Ach,“ meinte Jakuti seufzend, „das ist eine ganz unangenehme Geschichte. Ich habe nämlich einen Blutsbruder in Kilwa, der jetzt nach dem Nyassasee ziehen und dort eine Niederlassung gründen will. Vorher aber will er heiraten, und zwar eine — weiße oder doch ganz lichtfarbige Frau. Da es so etwas in Kilwa nicht giebt, so wendete er sich an mich mit der Bitte, ihm eine weiße Frau in Zanzibar zu besorgen. Wozu braucht er, der so schwarz wie Pech ist, eine weiße Frau! Aber der Wunsch eines Blutsbruders ist heilig, und so laufe ich denn früh und spät in der Nacht herum, um ihm eine weiße Braut zu werben. Doch umsonst: lichtere als kaffeebraune sind nicht zu haben.“

Ich war diesem Berichte mit steigender Aufmerksamkeit gefolgt. Da war ein Schwarzer, der sich nach einer weißen Frau sehnte, und hier eine Weiße, die nur an Schwarzen

Gefallen fand. Dem Manne kann geholfen werden, dachte ich und wendete mich an Jakuti:

„Hm, allerdings ein bedenklicher Fall. Aber sage, Jakuti, wie weiß müßte denn die Braut eigentlich sein, etwa so wie Zaïna?"

Jakuti blickte mich von der Seite an und lachte leise, woran ich erkannte, daß ihm die Sachlage nicht mehr fremd war. Rasch waren wir einig: Jakuti war überzeugt, daß Zaïna die kühnsten Wünsche seines Blutsbruders übertreffen werde. Er sei ganz der Mann, mit ihr fertig zu werden, und das Brautgeld, das ich ihr mitgeben wollte, würde er als eine besondere Wohlthat empfinden. Die Schwierigkeit lag nur darin, Zaïnas Einwilligung zu erlangen.

„Das," meinte Jakuti, „können wir beide nicht. Das kann nur ein Weib, und ich werde meine Frau Asmini beauftragen, Zaïna zu bereden und nach Kilwa zu bringen."

Am nächsten Morgen erschien Asmini, die Jasminblüte, eine reifere, aber keineswegs abstoßende Swahilifrau mit regelmäßigen Gesichtszügen und großen klugen Augen, malerisch drapiert in kleidsame Tücher. Sie wurde genau belehrt und zog sofort aus, um Zaïnas Bekanntschaft zu machen. Es gelang ihr dies überraschend schnell. Sei es, daß Zaïna in ihrer pöbelhaften Umgebung sich durch den Besuch einer freien Swahilifrau doch geehrt fühlte, sei es, daß diese es verstand, sich ihren Neigungen anzupassen, genug, in wenigen Tagen waren die beiden Damen unzertrennliche Busenfreundinnen. Asmini bedauerte ihr gegenüber immer aufs neue, daß sie sich leider von ihrer neuen Freundin bald trennen müsse, da sie demnächst zu einer Hochzeit nach Kilwa reise. Sie schilderte die Genüsse einer solchen Reise mit den glühendsten Farben, beschrieb den Glanz der Hochzeit und stellte das traurige Küstennest Kilwa als wahre Feenstadt dar. „Nur schade," schloß sie jedesmal ihren Bericht, „daß du nicht mitfahren kannst." Natürlich erwachte in Zaïna bald der Wunsch, sich an dieser köstlichen Vergnügungsfahrt zu beteiligen, und sie wurde darin von Asmini eifrig bestärkt. Das schwarze Gefolge Zaïnas roch allerdings Lunte und begann den Verlust dieser ergiebigen Gnadenspenderin zu fürchten. Aber Bakschisch und Drohungen brachten dieses Gesindel zum Schweigen. So erschien denn Zaïna eines Tages und bat mich um die Erlaubnis, mit Asmini einen Ausflug nach Kilwa machen zu dürfen. Ich stellte mich, der Vereinbarung gemäß, etwas erstaunt, gab aber schließlich meine Einwilligung. Einen Abschied wollte ich nach allem Vorgefallenen vermeiden und beauftragte daher Jakuti, die Weiber an Bord des Dampfers zu bringen.

Als ich spät abends vom Klub heimkehrte, meldete mir Jakuti, daß die beiden Damen glücklich abgedampft seien. Zaïna habe an Bord noch eine schreckliche Scene gemacht, die den Kapitän veranlaßte, sie strafweise in seine Kabine einzuschließen.

Es war gerade einen Monat her, seit die Entführung aus dem Landgut stattgefunden. Während ich die Treppe hinanstieg, tauchte unwillkürlich die Erinnerung an das ganze Erlebnis vor mir auf. Leichtfertig, nur mit dem Wunsche, einmal etwas orientalische Romantik mitzumachen, war ich in das Abenteuer eingetreten. Dann wurde es mir doch mehr als bloße Liebelei. Besonders die Trennung bewirkte, daß Zaïna mir als Idealgestalt vorschwebte, die ich gerne mit meinen Zukunftsträumen verknüpfte. Dann, als ich mich am Ziele meiner Wünsche wähnte, kam die herbe Enttäuschung, mein Ideal von seiner Höhe in den Kot sinken zu sehen. Und nun als Abschluß das Possenspiel dieser Trennung.

Asmini kehrte nach einiger Zeit von Kilwa zurück. Sie berichtete, daß Zaïna zwar etwas erstaunt war, als man ihr mitteilte, daß sie bestimmt sei, bei der Hochzeit, zu der Asmini geladen, die Rolle der Braut zu übernehmen. Aber als sie den Bräutigam in seiner ganzen Schwärze erblickte, erklärte sie sich sofort einverstanden. Die Hochzeit fand mit vielem Pomp statt; als Zaïna einige Tage später mit ihren Streichen wieder anzufangen versuchte, erteilte der junge Ehemann ihr eine so urkräftige Tracht Prügel, daß sie rasch davon abstand. Asmini verließ das schwarz-weiße Ehepaar in schönster Harmonie."

„Damit," schloß der Erzähler, „ist meine Geschichte zu Ende. Die Nachtluft fängt auch schon an, kühl zu werden, und der schwarze Bengel, der uns bedienen soll, schnarcht da hinten ganz jämmerlich. Er mahnt auch uns, daß es Zeit ist, zur Ruhe zu gehen."

„Eine Frage: Haben Sie niemals mehr von Zaïna gehört?" — „Nie mehr. Ihr Mann zog mit ihr nach dem Nyassasee und begründete dort oder noch weiter im Innern Afrikas eine Niederlassung. Ob sie dort bei ihm ausgehalten, ob sie in andere, noch schwärzere Hände übergegangen, woran ja in Central-Afrika kein Mangel — allahu allam, Gott weiß es."